我国体育产业结构优化及其跨界融合发展研究

王少聪　著

中国原子能出版社

图书在版编目(CIP)数据

我国体育产业结构优化及其跨界融合发展研究 / 王
少聪著. —— 北京 : 中国原子能出版社, 2022.6(2023.4重印)

ISBN 978-7-5221-1970-0

Ⅰ.①我… Ⅱ.①王… Ⅲ.①体育产业－产业结构优
化－研究－中国 Ⅳ.①G812

中国版本图书馆 CIP 数据核字(2022)第 093246 号

我国体育产业结构优化及其跨界融合发展研究

出　　　版：中国原子能出版社(北京市海淀区阜成路 43 号 100048)

责任编辑：蒋焱兰　邮箱：ylj44@126.com QQ:419148731

特约编辑：李　宏　陶　源

责任印制：赵　明

印　　　刷：河北文盛印刷有限公司

经　　　销：全国新华书店

开　　　本：787mm×1092mm 1/16

印　　　张：11.5

字　　　数：150 千字

版　　　次：2022 年 6 月第 1 版　2023 年 4 月第 2 次印刷

书　　　号：ISBN 978-7-5221-1970-0

定　　　价：58.00 元

出版社网址：http://www.aep.com.cn

发行电话：010-68422060

前　　言

　　体育产业是新时代的幸福产业、健康产业、绿色产业。20 世纪 90 年代我国进入市场经济，因为洛杉矶奥运会商业运作的成功和足球世界杯一路飙升的经济利益，体育产业逐渐进入人们的视野并被关注。随着经济的发展和社会的进步，我国体育产业有了巨大的进步，也取得了一定的成绩，在培育经济增长新动能、满足大众多样化消费需求等方面发挥着越来越重要的作用。

　　我国体育产业从 20 世纪 80 年代开始起步，40 余年来经历了从无到有、从小到大的发展历程。近年来，在全民健身国家战略背景下，在专业级、国际性比赛的带动下，我国的体育产业迅速发展，欣欣向荣。虽然取得了不错的成效，但也出现了诸多问题，尤其是在全球化浪潮之下，我国体育产业发展面临的内部和外部环境更加复杂，各种挑战也接踵而至，如果一味地沿用传统的发展模式，不仅不能满足体育产业的竞争需求，甚至有被淘汰出局的危险，因此，只有深化体育产业改革、优化产业结构、加快体育产业与其他产业的融合发展，积极探索新的发展模式，才能使体育产业获得新的核心竞争力，推动我国体育产业的可持续发展，从而为我国国民经济的发展提供有力的动力支持。

　　本书内容的深度、广度、新度适宜，以体育产业结构优化及跨界融合发展为主线，围绕我国体育产业的发展进行了多层面、多维度的研究和探索，还拓展了体育赛事新媒体转播权保护的相关内容。全书共包括六章内容，主要阐述了体育产业发展概述、我国体育产业发展的新思路、我国体育产业的结构优化与升级、我国体育产业融合分析、我国体育产业与其他产业的跨界融合发展、我国体育产业发展的拓展思考等内容。同时，还基于体育产业的发展提出了一些拓展和创新方面的内容，也就是体育赛事新媒体转播权保护，使其在有关研究的基础上有所深化或拓展，以此来增加本书的特色。总体来说，本书内容完整、结构合理，力求突出全面性与客观性，集系统性与可读性为一体，以期为将来我国体育产业做大、做强、做精提供有益的借鉴。

本书在撰写过程中，参考、借鉴了大量的文献资料，在此向这些资料的作者表示衷心的感谢。但由于作者经验不足，水平与时间有限，书中难免有疏漏之处，敬请广大教育工作者、读者批评指正。

作　者

2022 年 5 月

目　　录

第一章　体育产业发展概述

当前体育产业的发展是一个体育运动逐渐走向商业化、职业化并与其他行业不断融合的过程。就目前而言，中国体育产业蓬勃发展，已经成为国民经济中一个新的经济增长点。要推进体育强国建设，必须增强体育产业的实力，在整体上推动体育工作各项内容的协调与完善。

第一节　体育产业的概念、内容与类别

体育产业作为一种新兴产业，在社会经济发展过程中起的作用越来越重要。目前，我国体育产业的发展非常迅猛，该产业涉及的行业数量非常多。在体育运动的带动下，围绕在其周围的这些行业都从这一新兴产业中获得了勃勃商机。这也使得体育产业在社会经济中的影响力与日俱增，一时间对体育产业相关问题的研究也不断增加。

一、体育产业的概念

（一）体育产业概念的界说

随着体育全球化的不断深入发展，体育产业作为一种新兴产业也得到了很大程度的发展。但是，与体育产业快速发展不相适应的是，关于体育产业的概念，到目前为止仍然没有统一的说法，这在一定程度上也影响了体育产业的进一步推广和发展。下面将对体育产业的概念进行解析。

1. 体育产业外延的广义说

"体育产业外延的广义说"主要是从产业外延广义文化的共同点出发，对体育产业进行解析。从这一观念出发，体育产业主要是指与体育相关的一切生产、经营活动部门的总和，包括体育物质产品、

体育服务产品、体育传媒业、体育博彩业等。

"体育产业外延的广义说"存在的问题主要有三个：第一，由于物质产品与服务产品的属性不同，两者之间没有相互替代的可能，所以这两类产品与同一商品市场的产业划分标准不相符；第二，物质产品与服务产品在生产技术等方面有明显的差异性；第三，物质产品和服务产品的生产部门与 R. A. Fisher 提出的产业分类法的要求不符[①]。因此，我们可以得出，"体育产业外延的广义说"一方面与产业经济学原理不相同，另一方面又背离了逻辑学的相关规则。

2. 体育产业外延的狭义说

"体育产业外延的狭义说"将体育产业定义为生产和提供体育物质产品与体育服务产品的企业总和。

相较于"体育产业外延的广义说"，"体育产业外延的狭义说"与产业经济学原理、逻辑学的相关规则相符，具体表现在以下三点。

第一，"体育产业外延的狭义说"将生产和提供体育物质产品和体育服务产品的企业作为指涉的对象，并对企业生产和提供的产品的属性进行了相对明确的规定。

第二，体育物质产品、体育服务产品的生产过程与技术工艺有一定的相似性，两者生产需要的投入品是相似的，都需要按生理、力学等原理进行生产。

第三，"体育产业外延的狭义说"中的体育产业是一种以活动、劳动的形式生产和提供体育物质产品和体育服务产品的产业，这与 R. A. Fisher 提出的产业分类标准相符。换句话说，就是体育产业属于第三次产业的范畴。

3. 体育产业的体育事业说

"体育产业的体育事业说"可以从两个方面理解：第一，体育产业是社会主义市场经济运行体制下体育事业的重要组成部分；第二，

---

① 腾野.体育产业发展的理论与实证研究［M］.北京：中国华侨出版社，2021：1.

体育产业是社会主义市场经济体制下的特有称谓（计划经济时称体育事业）。

"体育产业的体育事业说"存在的问题主要表现为：体育产业与体育事业的概念关系不明，并且不符合现行实际。通常来说，任何学科的研究概念都有其特定指涉的本质内涵和外延结构，产业是同类经济活动的总和，而事业是创造公益性、福利性公共产品的组织单位的集合，所以，将体育产业与体育事业置于同一层次来考察是有误的。

4. 体育产业的体育事业可盈利部分说

"体育产业的体育事业可盈利部分说"主要是指从实用性角度出发，体育产业就是体育事业中可进入市场并获得相应利润的部分经济活动的总和。

"体育产业的体育事业可盈利部分说"存在的问题主要包括三个方面。

第一，概念的定义具有不完全性的缺陷，具体来说，就是事物形态的过程描述，并非就是事物的本质属性；第二，这种说法将原来体育事业中没有的，但现在已经成为体育产业重要构成部分的产业部门排斥在外；第三，产业划分类型和层次存在边界模糊的问题。

（二）国内外体育专家对体育产业概念的理解

1. 国外专家学者的观点

从当前的形势看，国外大部分体育专家及学者对体育产业概念的界定都有自己独特的见解，某些地方甚至存在着一定的分歧。但从整体上讲，国外的专家学者多从可操作性层面出发对体育产业的概念进行界定，他们对体育产业研究的可行性更为偏重，而不仅仅局限于体育产业的理论方面。具体来说，可将国外专家学者的观点分为三种：第一，将体育产业界定为向消费者提供体育物质产品和体育服务产品的市场；第二，将体育产业界定为生产体育产品的企业或组织；第三，将体育产业界定为主体产业和相关产业的集合。

另外，国外的体育专家及学者在对体育产业进行研究和探索时，往往都会把体育产业看作体育物质产品与服务产品生产企业或组织的集合。绝大部分专家及学者都将体育健身娱乐业、体育竞赛表演业、体育用品制造业与销售业、体育场馆服务业归纳到体育产业当中，认为这些类型的体育产业形成了整个体育产业的主干产业。

2. 国内专家学者的观点

我国针对体育产业的研究成果也存在一定的差异，这在一些政府文件中就有所体现，如《体育产业发展纲要》就将体育产业分为三类；第一类是以体育竞赛、体育表演、体育健身等项目为代表的体育主体产业；第二类是体育相关产业，如体育用品产业等；第三类是由体育部门开展的其他产业活动。而《国民经济行业分类》则将体育产业从卫生、体育中抽离出来，与文化、娱乐等构成文化业、体育娱乐业等。两份文件一致的地方是都对体育产业的类别进行了划分，但对体育产业的概念则未做出界定。

随着体育产业的不断发展，我国的专家学者对体育产业的研究力度也在不断增大，在经过长期的探索后，他们对体育产业有了一定的认知，以下为几个具有代表性的观点。

第一，体育产业是指进入市场实行商业化经营的体育活动范畴，其涵盖的内容包括体育竞赛、体育健身、体育表演等。

第二，体育产业是第三产业的一个重要部门，也是国民经济的重要组成部分。

第三，体育产业主要分为核心产业、中介产业和外围产业三个板块。核心产业主要包括体育健身娱乐、竞赛表演等市场；中介产业主要包括体育经纪市场和体育媒体市场等；外围产业主要包括体育用品市场、体育旅游市场和保险市场等。

第四，体育产业可分为广义的体育产业和狭义的体育产业。其中，广义的体育产业主要是指以营利为目的的体育企业和体育机构；狭义的体育产业主要是指体育企业的集合。

第五，体育产业是指与体育运动相关联的一切生产经营活动。通常情况下，体育产业不仅局限于直接的服务和劳动。第二产业中的体育服装等产品以及第三产业中的体育旅游、体育媒体、体育彩票等也都属于体育产业的范畴。

从上述几个观点可以看出，我国大部分体育专家及学者对体育产业的概念都有自己独特的见解，由于研究的着眼点不同，因此对体育产业的理解也存在着一定的差异性，对此我们要综合以上专家及学者的观点，从整体上来把握体育产业的概念。

（三）体育产业的概念

通过上述对体育产业概念的解析以及国内外专家学者对体育产业概念的理解，我们可以从广义和狭义两个角度来对体育产业的概念进行界定。

广义的体育产业主要是指为全社会提供体育产品的企业、组织、活动等的集合，具体包括两大领域，即体育服务业和体育相关产业。狭义的体育产业主要是指以体育劳务形式提供体育服务产品的企业、组织、活动等的集合。

总的来说，体育产业是随着社会经济的不断发展而出现的一种新的产业形态，是体育运动由原来的自给自足的自为模式向组织化、生产化、消费化和盈利化的产业运营模式转变的产物。简言之，体育产业就是生产和经营体育商品的企业集合体。

二、体育产业的内容及分类

随着体育产业的不断发展，其所涵盖的内容范围越来越广，体育产业的类型划分也越来越精细。对体育产业的内容及分类进行必要的分析，不仅有助于推动体育产业的进一步发展，而且对我国国民经济的发展有着巨大的促进作用。

（一）体育产业的内容

体育产业能够使人们对体育的多样化需求得到满足，是一切生产性组织和经营性组织的集合，是包括体育生产制造业、体育用品销售业、体育设施业、体育服务业等在内的综合产业。体育产业的内容主要包括体育本体产业、体育相关产业、体育延伸产业和体育边缘产业。

1. 体育本体产业

体育本体产业指以体育自身特性为主要依据而进行生产、服务的部门，比较具有代表性的有体育培训业、竞赛表演业等，是一种产业部门群。

2. 体育相关产业

体育相关产业指以体育为资源和手段进行生产、服务的部门，比较具有代表性的有体育用品制造业、体育广播等，是一种产业链。

3. 体育延伸产业

体育延伸产业指在体育产业周围形成的综合性的行业网络，各个行业之间没有性质上的联系，只有形式上的联系，比较具有代表性的有体育保险、体育旅游、体育经纪等，是一种行业网络。

4. 体育边缘产业

体育边缘产业指为了更好地发挥体育本体产业的效益而提供综合服务的部门，比较具有代表性的有为体育活动提供的饮食、住宿以及纪念品等，是体育本体产业的重要组成部分。

（二）体育产业的类别

在体育产业的分类上，国内外体育专家所持有的观点也存在一定的差异性。下面就对此进行详细的分析和阐述。

1. 国外对体育产业的分类

国外对体育产业的分类主要集中在三个方面，分为三个模式，即皮兹模式、米克模式和苏珊模式[①]。

（1）皮兹模式

皮兹模式是学者皮兹在1994年提出的关于体育产业的划分模式，这一模式将体育产业分为三大类，分别是体育表演业、体育生产业和体育推广业。

---

① 卢嘉鑫，张社平．体育产业发展：理论与政策［M］．北京：北京大学出版社，2011：29-32.

（2）米克模式

米克模式是学者米克在 1997 年提出的关于体育产业的划分模式，这一模式也将体育产业分为三大类，分别是体育娱乐、体育产品以及体育支持性组织。

（3）苏珊模式

苏珊模式是学者苏珊在 2001 年提出的关于体育产业的划分模式，这一模式将体育产业分为两大类，分别是体育生产和体育支持。其中体育支持类还可以扩展为政府内相关的体育机构、各级种类的体育协会、体育管理公司、体育媒体、体育用品的制造和销售、体育设施的建设与运营六个种类。

从整体上讲，国外体育专家对体育产业分类的基本思路是相同的，他们主要是从体育产品的生产、营销等角度出发对体育产业进行分类。在西方发达国家，体育产业的发展时间较早，体育产业被普遍认知为向市场提供体育娱乐产品的行业。基于此，国外体育学者及专家对体育产业的分类基本上是按照体育娱乐产品的生产、营销、组织管理业务流程的细分。

此外，国外体育专家还根据体育产业链上下游的关系，将体育产业分为三大类，分别是上游产业、中游产业、下游产业。其中，上游产业是指体育产业的原产业，主要反映体育产业的原生态，包括健身娱乐业和竞赛表演业；中游产业是指间接为健身娱乐业和竞赛表演业服务的支持性产业，包括体育器材、体育服装、体育鞋帽、体育媒体、体育中介、体育培训、体育场馆运营、体育保健康复等；下游产业是指间接为上游和中游产业服务的相关产业，缺少下游产业并不会对原产业的生存和运作产生影响，包括体育食品、体育饮料、体育旅游、体育建筑、体育博彩、体育房地产等。

依据体育产业链上下游关系的划分标准，是与体育产业发展特点相符的，它主要对体育产业是以体育活动为原点的生产、经营以及开发的产业链进行了阐述，同时，也表明了体育产业与一般产业之间的关系，将体育产业自身的特点突出出来。

2. 国内对体育产业的分类

国家体育总局颁发的《体育产业发展纲要》（以下简称《纲要》）中也对体育产业类型进行了划分。具体来说，就是将体育产业类型主要划分为体育主体产业、体育相关产业和体办产业等，这一划分方法是国内关于体育产业最为权威的划分方法。

（1）体育主体产业

体育主体产业是指由体育部门管理、能发挥体育自身价值和功能的以提供体育服务为主的体育产业经营活动。体育主体产业主要包括竞技体育产业、体育教育科技产业、群众体育产业、体育彩票和体育赞助等。

（2）体育相关产业

体育相关产业是指与体育有关的其他产业的生产和经营活动，如体育场地、体育器材、体育服装、体育食品、体育饮料、体育广告和传媒经营与管理等。

（3）体办产业

体办产业是指体育部门为创收和补助体育事业的发展而开展的、体育主体产业以外的生产经营活动。

体育商品不同的性质是《纲要》对体育产业进行类型划分的重要依据。这一划分标准可以将体育产业分为两大类：一类是可以分为竞赛表演、健身娱乐、体育媒体、体育旅游、体育培训、体育博彩、体育中介、体育康复保健等的体育服务业；另一类是可以分为体育器材、体育服装、体育鞋帽、体育食品、体育饮料、体育建筑等的体育配套业。

需要注意的是，《纲要》对体育产业类型的划分既有一定优点，也存在一定的缺点。具体来说，优点主要表现在两个方面：一方面，其突出了体育产业的概念与分类；另一方面，这一分类方法具有较强的可操作性，对于体育市场的培育和发展是较为有利的。缺点主要在于这种分类是站在部门管理的角度上对体育产业的分割，在此标准下，第一类和第三类产业是体育部门管得着的，第二类则是体育部门管不着的。因此，从这一方面看，《纲要》对体育产业分类的科学性是较为欠缺的，这在一定程度上也阻碍了体育产业的系统化发展。

除此之外，根据我国国家统计局公布的《体育产业统计分类（2019）》，我国的体育产业可分为 11 类，具体内容如图 1-1 所示[①]。

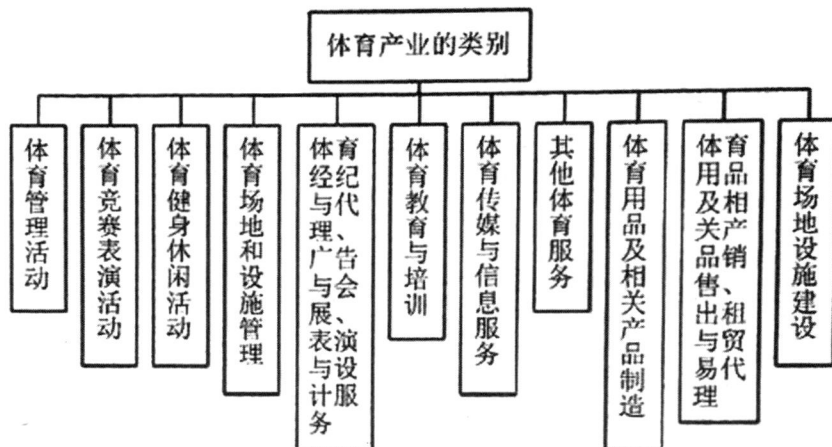

图 1-1　我国体育产业的类别

第二节　体育产业的属性与特征

体育产业具有其本身的特殊属性，同时，也具有较为显著的特征。需要强调的是，我国的体育产业与世界范围内的体育产业在特征上存在一定的差异性。

一、体育产业的属性

体育产业是在现代市场经济条件下形成的一种产业形态，可以说，体育产业是体育运动由原来自给自足的自为模式向组织化、生

---

① 陈博.多元视角下体育产业的融合发展研究［M］.北京：中国经济出版社，2020：64.

产化、消费化和盈利化的产业运营模式转变的产物。体育产业是在市场经济条件下，体育活动组织专门化、参与消费化、运作盈利化孕育的新型产业形态。它的外显形式是体育商品的不断涌现，以及体育经营企业的不断扩张。但是判断体育产业属性的关键在于其价值内核，因为价值内核对体育产业的存在与发展产生了重要的决定性作用，如果体育产业没有了价值内核，则体育产业将不复存在。由此可以判定体育产业的基本属性只能是隶属于第三产业的现代娱乐业。

需要注意的是，在体育相关产业中，如体育服装、鞋帽、器材、食品、饮料等大量的实物性商品也存在着，它们是否属于体育产业的范畴，这需要从体育产业的基本属性出发来加以判定。运动服装、体育器材等实物性商品是围绕体育活动展开的，它们之间存在明显的主副关系，而且这些物质产品的生产与经营活动是作为主业配套而存在的，并不构成对体育产业本质的否定，它们与体育产业的基本属性不相冲突。社会大众使用体育服装、器材等实物性产品的根本意图是进行体育活动，而这些产品最终的市场也属于体育消费市场。由此可以得知，应该将这些体育实物产品归为体育产业一类。

综上所述，在对体育产业的属性进行判定时，我们要坚持透过现象看本质的原则。不仅要坚持质的规定性，即娱乐业是体育产业的基本属性，而且要将体育产业置于多维空间中，要坚持体育产业上下游之间的天然联系，不能把体育产业限定在只提供体育服务产品的一维空间。只有这样，我们才能够更加合理、准确、深入地了解体育产业。

二、体育产业的特征

体育产业有着较为显著的特征，而对于世界体育产业和我国体育产业来说，两者的特征是有所差别的。下面就分别对世界体育产业和我国体育产业的特征进行分析和阐述

（一）世界体育产业的特征

世界体育产业的特征主要表现在四个方面，分别是商业化程度较高、影响力广泛、产业产值较高、从业人数较多，具体分析如下。

1. 商业化程度较高

随着经济全球化、体育全球化的不断深入，当下，体育产业已经进入了一个快速发展的阶段，体育产业不仅渗透到生活的各个方面，其商业化程度也在不断提高。以美国 NBA 职业篮球联赛为例，NBA 是迄今为止最成功的体育经济产品之一。NBA 利用多年积累下来的完善的市场运作、成熟的商业理念、全方位的产品包装等将其商业帝国成功地推向全世界。

2. 影响力广泛

经济社会的不断发展，在带给人们巨大便利的同时，也使现代文明病更加肆虐。人们在追求高效率生活的同时，也更加注重自身的体质与健康，将更多的时间投入到各种各样的健身运动中去。正是因为体育具有强身健体、娱乐身心的功能，所以世界体育人口的数量在快速增长，这在很大程度上推动了世界体育产业的快速发展。而体育产业具有的巨大的商业价值，也吸引着越来越多的企业以体育赞助、体育广告等形式参与到体育产业的运行中来，使体育产业的影响力越来越大。

3. 产业产值较高

随着现代社会的发展，经济水平已上升到了一个新的高度，人们的可支配收入也有了明显提高，这使人们在体育方面的消费支出越来越多，有力地推动了体育产业的发展，进而使体育产业的产值也在不断增高。体育产业消耗能源少，环境污染少，符合转变经济增长方式的要求，是一个可以长期存在和可持续发展的产业。

4. 从业人数较多

体育产业所涉及的领域非常宽泛，加之其较为广泛的影响力，使体育产业成为促进就业的重要途径，并且在一定程度上为解决就业难题提供了一个良好的平台。而随着体育运动的国际化、社会化、商业化程度的不断加深，体育产业在扩大内需、促进就业等方面的作用将会越来越大，在国民经济发展中也会发挥巨大的推动作用。

（二）我国体育产业的特征

从体育产业与体育事业的差异性角度出发，我国体育产业的特征主要表现在三个方面，分别是属性和特点的差异性、资金来源的差异性和经济性质的差异性，具体分析如下。

1. 属性和特点的差异性

体育事业注重社会效益，具有社会公益性和福利性，其一切活动的出发点都在于满足社会、民众对精神文明的需求。

体育产业注重的是经济效益，具有明显的商业性质，它的一切活动的出发点则是为了获取最大的经济利益。

2. 资金来源的差异性

体育产业与体育事业在资金来源方面的差异性主要体现在两个方面：从财政方面来讲，发展体育事业所需的资金主要是国家财政的拨款，而发展体育产业所需的资金则主要由企业自筹或银行贷款；从税收方面来讲，办事业不收税，而办企业则需要纳税。

3. 经济性质的差异性

体育事业的性质是产品经济，它的运行主要依靠政府的行政指令，在其运行的过程中以福利、社会效益为主。

体育产业的性质是商品经济，它的运行主要依靠市场的调节，在其运行的过程中以经营为主，并在提高社会效益的基础上不断提高经济效益。

第三节　我国体育产业的发展现状与趋势

进入 21 世纪，体育产业的发展迈进了新的征程。中国体育产业未来的发展，既会受到市场力量的引导，又会得到政府政策的推动。两者并存，很可能是激励倍增和矛盾叠加，呈现出既快速发展又问题层出的局面。因此，一方面要促进发展，另一方面要有效治理，有效开发，中国特色的发展模式仍将是中国体育产业发展的恰当选择。

一、体育产业发展概况

近年来，我国虽然受到经济危机的冲击，国家经济和社会各项事业受到一定影响，但整体经济处于增长态势。随着人们生活水平稳步提升，日趋旺盛的体育消费诉求，对国民经济和社会发展及体育产业发挥着越来越重要的支撑作用。

（一）产业体量持续扩大

产业数据最能反映一个产业的发展现状、走势和潜力。随着政策红利的逐步释放，体育产业已成为经济发展的新"风口"，消费市场日益繁荣，消费规模接近万亿元。体育产业已经形成了以竞赛表演和健身休闲为驱动，体育用品业为保障，体育场馆、体育培训、体育中介、体育传媒等业态快速发展的整体格局，发展速度不仅远高于经济增速，更领跑幸福产业，显示出巨大的市场潜力和强大的发展动力，随着我国经济社会进入新常态，体育产业有望成为经济发展新动能和新的增长点。

（二）中国体育产业保持较快增长速度

受相关政策的鼓励驱动，中国体育产业始终保持较快速度的增长。中国体育产业增长速度尽管表现出一定幅度的波动，但增长速度远超全国经济整体增长水平。即使在我国经济增长速度持续放缓的情况下，体育产业仍保持较快增长势头。全民健身的教育、经济和社会等功能充分发挥，与各项社会事业互促发展的局面基本形成。在政策的指引下，产业价值不断壮大。

各市场布局的全产业链生态圈已经初具规模和体系，商业生态系统的竞争与合作预计将会继续进一步拓展深化。目前，国内对体育产业的布局已经深入上游资源，如海外产业并购赛事引入、争夺稀缺赛事版权、投资控股体育核心产业、赛场或场馆等，对上游体育资源的掌控将大幅提升国内公司的话语权。

（三）优化的产业结构

近几年，国内体育产业结构得到进一步优化，产业结构所占比例明显提升。我国体育服务业所占比例的持续增长和体育用品业所占行业比例明显下降，印证了体育产业内部基本结构的变动规律，体育产业软化率有所提高，内部业态结构改善明显，显示出我国体育产业结构具有向合理化方向转变的趋势。

（四）体育产业成为促进消费的新生力量

随着人们物质生活的提高和闲暇时间的增多，体育职业化和商业化迅速发展起来。体育产业伴随着经济和社会的发展需求，逐渐发展为国民经济的重要部门。经过多年来的快速发展，体育产业已经发展成了国民经济的新增长点。体育消费不断增长，体育市场日渐繁荣，体育产业正在成为启动消费、扩大内需的新生力量。

随着居民收入水平的逐步提高，解决衣食温饱的人们开始关注健康，注重生活质量，追求健康文明的生活方式，体育消费意识增强，体育消费逐渐成为一种新的社会时尚。体育进入现代人们的生活，成为日常生活方式中的一个重要方面，体育人口不断增加。体育用品消费的增长，体育消费人口的增多，促使了体育消费市场的繁荣。

社会政治、经济、文化的发展为体育产业的发展提供了良好的环境，经济的发展带动了体育设施的建设，为人们参与体育活动提供了便利。国家政府大力推进精神文明建设，体育作为国家精神文明建设的重要组成部分，人们参与体育活动受到法律、法规的保护。体育产业的发展具有良好的经济基础、社会基础。体育产业作为国民经济新的增长点，具有巨大的市场发展潜力。

21世纪，知识经济、网络经济、全球经济飞速发展，一体化的中国体育产业面临着新的机遇和挑战，中国体育产业只有不断加强知识经济、网络经济、全球经济一体化的研究，提高产业知识含量，调整经营管理策略，抢占体育产业制高点，才能在 21 世纪全球激烈竞争的环境下取得长足的发展。

二、新时期体育产业发展特征

（一）产业增速的新常态

我国体育产业 10 余年高速增长的基础来自两大红利的驱动。在产品生产方面，国内的人口红利效应创造了大量的廉价劳动力，潜在体育产业增速被强力推动；在产品销售方面，全球化红利带来了外资的大规模涌入和外需的爆炸式增长，创造了体育产业外向型增长模式的条件。但是，目前来看这两大红利都在走下坡路，主要表现在：进入 21 世纪以来，由于出口竞争力迅速提升，迅速崛起的中国体育用品加工业，使中国成为全球第一大体育用品出口国。同时，宽松的发达国家货币政策，尤其是一次又一次的 QE（量化宽松政策）浪潮，给全球流动性资本注入了新的动力，中国市场出现了体育外资大量涌入的现象，从而成就了体育产业的黄金时代。但金融危机之后，这种趋势已经逐步逆转。在需求层面，从银行危机，主权债务危机之后，杠杆经济产生的直接后果是发达国家的储蓄——经济账户逆差和投资负缺口逐步缩紧；在制度层面，内需疲软，外需成为各国新的追捧热门。内外两大红利的逐步退潮，从高速发展向中高速发展转变是中国体育产业必然趋势。

（二）结构调整的新常态

过去 10 年是结构失衡的 10 年。产业结构表现为以加工贸易为主的体育用品产能和体育服务业产能存在严重失衡；地区性结构表现为东部地区快速崛起，中西部地区发展滞后；要素结构表现为政府垄断性较强，要素流动性受到极大约束。优化结构是体育产业缓解失衡必经之路，所以优化中的阵痛也是平衡过程中不可避免的。

1. 全新的产业结构趋势

优化产业结构能够使各种资源得到合理的运用，使各个部门之间的资源得到更好使用和分配，为产出效益注入新的动力。

金融危机之后，中国经济结构开始调整，其中工业制造业所占比例呈现下降趋势，第三产业比例在半被动、半主动中逐步发展。在这一新趋势到来之际，国家政策会加大力度进行产业结构优化调整，但是体育服务业部门的供给不足与体育工业相关部门的产能过剩并存就是最突出的矛盾体现。所以，政府相关部门将加快化解体育工业部门产能过剩的问题；从客观层面看，随着资本存量和收入的增加，中国正处于从出口和投资主导型经济向消费主导型经济过渡期，这是提升对体育服务业的必然需求，尤其是在体育培训、体育中介等生产性第三产业。

2. 区域结构新趋势

实践证明，如果两个地区之间的区域性 GDP 水平相似，则其消费偏好和需求结构也会类似，体育市场之间的差别就会很小，贸易和区域分工的可行性也会加大；反之则供给、需求关系就会两极分化。新趋势下，把区域发展提升为国家战略的重点，这一思路的核心是打破过去的"封闭性"思维，上层设计、协作发展。在区域结构一体化的思想基础上，以点带面，从而实现"一弓两箭"的战略布局。"一弓"是指贯穿我国东部一线的东北老工业振兴基地、京津冀经济圈和"21 世纪海上丝绸之路"，这片"弓"形区域基本涵盖了我国经济最发达的地区；"两箭"指贯穿我国东西部地区的"长江经济带和丝绸之路经济带"，"两支箭"连接了我国广袤且资源丰富的中西部地区。"一弓两箭"基本涵盖了我国所有的省市区，向东连接东北亚、东南亚、澳洲，向西连接中亚、中东、欧洲，不仅是国内经济发展的重要引擎，也是对外开放的重要窗口。这一区域战略明显不同于以往的各自为战、粗放发展，更多地强调"全国一盘棋"，从而为体育产业的区域结构优化、协调发展注入了新鲜活力。

3. 要素结构的新常态

要素创新力是产业赖以生存和持续发展的重要活力，国际上通常采用 R&D（Research and Decelopment）投入反映一个产业要素核心竞争力和创新能力。21 世纪以来，我国体育产业规模不断扩大，R&D 投入也呈现上升趋势，要素创新力不断得到提升，但仍存在不可忽视的结构性失衡。一是结构性失衡的 R&D 经费投入量。因为体育服务业的效益难以显现，企业主动创新投入的积极性始终无法调动。二是 R&D 经费投入强度失衡。国际上 R&D 经费投入占销售收入（投入强度）1% 以下的企业是难以维持生存的，占销售收入 2% 的企业可以勉强维持，占销售收入 5%～10% 的企业才有竞争力①。我国体育产业 R&D 投入情况仍然过低，处于勉强维持的边缘，这种状况严重制约了我国体育产业创新能力。三是 R&D 人力要素投入失衡。

要素结构的严重失衡极大地影响了体育产业的健康发展。而新常态下，将立足有效益、有质量、可持续的增长，大力提升要素的创新能力，挤出体育产业增长中的水分，刺破过去"量"导向下吹起的经济泡沫，从根本上治理传统的要素驱动、以量取胜的发展方式，推动体育产业转型升级。

（三）宏观政策的新常态

面对中国经济增速放缓的周期性波动，国家更倾向于从需求端入手，应用"宽货币""大投资"实现总量宽松，解决产能过剩所带来的问题。这样的导向在治理危机时见效速度较快，但难以从根本上解决问题，更会造成不可忽视的遗留问题。纵观历史，主张干预政策的凯恩斯虽然带领各国迅速摆脱了战后经济萧条，但也埋下了滞胀困境诱因；撒切尔和里根的新自由主义虽然成功克服了滞胀，但也埋下了全球金融危机的种子。同理得出，中国的"四万亿"虽保住了经济增长，但也间接诱导了严重的债务风险和产能过剩。面对未来经济放缓的局势，政府不应寄望于通过"刺激""放水"等需求管理手段提高经济增速，而是要通过促改革消化前期政策，使经

---

① 腾野. 体育产业发展的理论与实证研究［M］. 北京：中国华侨出版社，2021：22.

济长远可持续地发展。在体育产业上，从体制层面打破未来产业增长的供给瓶颈是改革的重点，厘清政府、社会、市场的职能和定位才能解决增速下行的压力。

1. 市场定位的新常态

我国市场经济体制正处于完善之中，计划经济的惯性仍然不可忽视，市场释放的还不够充分，这是体育产业快速发展的必要条件。从国际产业演进规律看，体育产业的开放度极高，市场配置产业资源是基本前提。因此，新环境是进一步加大市场的作用，最终让资源配置遵从市场的分配，这就能打破体育产业发展的瓶颈，让市场作用得到更好发挥、提高体育资源的配置程度、激发市场活力，让体育产业在此更上一个台阶。

2. 政府定位的新常态

在我国产业化进程中，政府的垄断经营一直不可忽视，产业资源政府主导性特征突出。一是要素资源垄断化。由于产权因素，政府掌管大部分生产要素，特别是高层次体育资源基本集中在政府系统。二是要素价格垄断化。产业资源的政府行政控制态势造成了要素价格的垄断化，导致体育系统内的低成本扩张，鼓励政府性扩大投资和生产。三是组织关系资源垄断化。其触角基本涵盖了体育系统的方方面面组织关系，而依靠强大的官办一体化便利，我国已经形成庞大的体育"国企"关系网络，垄断着国内丰富的产业组织资源。而新常态下，加大政府的宏观性指导和调控，减少微观事务的直接干预，实现政府定位的进一步下移，逐步释放基层话语权，将成为主要方向。这无疑会为激活体育产业发展潜力奠定基础。

3. 社会定位的新常态

根据数据显示，我国社会性非盈利组织数量较少。同时由于政社不分长期存在的格局，导致我国非盈利组织主体地位受到极大削弱，难以在产业运作中释放出潜在的能量。新常态下，将对社会组织的产业地位进一步强化，国务院《关于加快发展体育产业 促进体育消费的若干意见》中也旗帜鲜明地提出"凡是法律法规没有明令禁入的领域，都要向社会开放"。为吸引社会力量广泛参与体育产业营造了更加广阔的市场空间；为破除各种利益掣肘，全面消除了各种限制。

三、我国体育产业发展中存在的问题

（一）市场法规不健全，经营管理不善

我国的体育产业发展是一种典型的实践先行、理论跟进的模式。这种从实践中总结理论的做法有其积极的一面，如理论的确定有实践作为基础，理论可以获得最大化的认可。但这也导致了另一个问题，就是实践的过程没有任何理论指导和制度约束，其发展的过程也没有需要顾及的法律法规。如此就难免使得发展朝着不同方向进行，而有些行为则是与市场和体育产业的发展远景相违背的。除法律法规外，在管理上也存在着交叉、越权或不到位管理的情况，不少体育企业在经营管理上和市场开发上缺乏长期的发展规划和有远见的措施，单一和无特色的经营手段使不少体育企业在市场中的运作举步维艰，加上经营理念和营销手段的滞后，使本应利润可观的行业变得无太大吸引力。

（二）体育产业发展不平衡

体育产业发展的不平衡问题主要涉及体育产业内部的不平衡以及不同地域间体育产业发展的不平衡两个方面。体育产业内部发展的不平衡主要是体育产业中的各种子系统之间的不平衡，如体育场馆租赁业、体育技能培训业、体育商品业和体育彩票业之间的发展程度。不同地域的体育产业发展不平衡更好理解一些，即经济较为发达的地区，其体育产业发展的程度就普遍会高于经济相对落后的地区。除此之外，即便是在同一市场内的产品开发也有不平衡现象，如在竞赛表演市场中，影响力较大的足球、篮球受到的关注最多，其吸金的能力也就更高，而羽毛球、乒乓球、台球等较之足球、篮球就显得吸引力不足，相应的，这些运动项目的市场发展就相对弱

一些。

（三）产权关系不明，资产管理不顺

我国主要管理部门的管理体制带有其特殊性。通常其主要的改革都是自上而下开始的。就体育产业发展中涉及到的改革来说，在改革的初期就埋下了产权关系问题的伏笔，主要表现在产权关系不明，典型的例子就要数体育管理部门与职业俱乐部之间的产权关系问题。职业俱乐部往往认为，由多支职业俱乐部组成的联赛，其主体为俱乐部，因此，联赛的管理权就应该属于所有参与其中的俱乐部共同所有，体育管理部门只是为联赛提供帮助的服务机构，除此之外不应再涉及更多的管理工作，也不享受职业联赛的经营权。但事实上却刚好相反，我国体育管理部门大多还延续传统体质中的管理惯性，不习惯完全脱离管理行为。究其原因，除了传统管理思维的问题外，还与职业联赛日益攀升的经济价值不无关系。一旦管理部门失去了对赛事的管理权，必然就丧失了从联赛中获得经济利益的机会，因此不得不死死抱住产权管理这根"稻草"。

（四）体育市场发育不完备，主体产业所占份额小

尽管我国体育产业的发展速度较快，但从整体的产业性角度来看，它所占的比重仍旧微不足道。这也就在一定程度上标志着我国的体育市场发育并不完善。目前，在体育产业中，竞赛表演业、健身休闲业、体育培训业等的开发利用尽管最为突出，但仍旧有进一步挖掘的潜力，更不要提这几类之外的产业领域了。

（五）体育产业质量有待于进一步提高

这里所谓的体育产业的质量主要是指体育企业规模普遍偏小，发展缺少可持续性活力，企业实力和市场竞争力不强。近年来，我国陆续出现了一些发展较好，以体育产业为主要经营对象的企业，这些企业规模逐渐加大，经营业务从国内的体育市场到与国外体育产业资本相结合，有的还顺利进行了资产重组、扩充资本，甚至包装上市，这是非常有利的契机。为此，应该继续抓好生产和服务工

作，在产品质量和服务体验上多下工夫，力争将体育产业的整体质量带入到一个新的高度，打造我国体育产业的新形象。

（六）缺乏稳定的政策扶持

限于体制和行政管理的特殊性，在我国发展的产业如果能够得到政策上的支持将是非常理想的情况，体育产业的发展也不例外。然而从研究中可以知道，体育产业的发展并不一定非要靠政策扶持不可。做出如此判断的原因主要有两点：第一，体育产业在我国并非主导性产业，它的兴衰并不能左右国家和人民的生活稳定，充其量它只能算是第三产业的边缘乃至第四产业，在如此的位置上要想完全依赖国家政策的支持作为发展动力是非常难的；第二，如果只有依靠国家政策的扶持才能发展，那发展的主动权则不能掌握在体育产业从业者手中，造成产业的根基不稳，如果国家扶持行为停止了，则整个产业就会陷入极大的困境中。但是，如果国家政府采取一些措施，在用地、税收等方面给予一定的优惠政策，鼓励社会和个人兴办体育产业，允许体育部门或协会建立体育发展基金，特别是对那些面向广大消费者，有利于提高全民体质的体育场馆和俱乐部的建设，那么，势必会极大推动我国体育产业的发展。

（七）缺乏专门的体育产业经营管理人才

"术业有专攻"是普遍认可的道理。对于体育产业来说，其本身就是一种非常专业的事业，其中包含的许多具体工作都是要求体育专业人士才能完成的。体育产业经营管理人才的培养非常不易，他们不仅需要接受长期的理论知识培养，还要在接受各种各样的实践培养后，通过一系列的专业考核合格后才有从业资格，这显然对人才的要求是非常高的。现有经营管理者中，要么是熟悉体育而缺乏商品经济和营销服务意识和技能的退役运动员、教练员等，要么是对体育缺乏实质性了解的生产商和经销商，难觅体育和市场的最佳结合点。

目前，我国体育产业的发展速度较快，但与之配套的优秀经营管理人才的数量却少之又少，这对于我国体育产业的可持续发展是一个重要考验。

四、我国体育产业发展的趋势

体育产业是经济发展的助推器，是朝阳产业，是绿色产业。随着我国经济转入新常态，体育产业在 21 世纪会有新的更大发展，具体表现在以下几个方面。

（一）产业发展方式实现转变

目前，我国发展阶段产生了深刻变化，由满足自身生存需要的生存型阶段变成以追求自身发展为主要目标的发展型阶段。发展阶段的变化引起我国需求结构的战略性升级，体育产业规模持续扩大，表现出极强的上升张力。当然，我国发展阶段的变化也使社会矛盾呈现阶段性的特征，长期以数量为导向的"增长主义"很难持续下去，体育产业转型升级已经成为发展的客观趋势。虽然我国面临外部环境的挑战，但总体上还是比较有利的。进入后危机时代，全球化秩序的调整为我国利用国际市场实现体育产业发展方式转变提供了有利的条件。我国如果实行更加主动的发展决策，把握发展转型带来的机遇，更加主动地融入全球体育经济中去，肯定会加快体育产业发展方式转变的步伐。

（二）产业跨界融合成为主流

当前我国体育产业还处于初级阶段，但是上升的窗口已经打开，跨行业形成的市场开放化、资本多元化局面为体育产业注入了快速发展的动力。

伴随世界经济的快速发展，体育产业已经突破了单边发展的限制，体育产业体现的包容、混合性的优势，将其推向更加开放化和多样化的境地。体育与各个行业已经出现更深度融合的征兆，这为体育产业提供了更好的发展空间。

（三）城市体育产业实现引领

目前，我国城市数量急剧增加，城市化水平已经超过50％，按照城市化进程呈现"S"型发展的规律，现阶段我国城市化是以"同化"过程为主，并以城市文明扩散来加快城市文明普及率的提升。要想推进体育产业，必须推动体育产业的不断改革、生产力的进一步释放。

随着大城市影响力、中等城市产业链、小型城市"卫星点"的逐渐形成，我国城市体育产业肯定会快速发展，成为行业发展的领头羊。

（四）消费结构优化成为主向

目前，我国在沿海地区及大中城市等经济发达地区已经形成了数量可观的高消费群体，具备了相当规模的体育消费市场。虽然整体上尚未进入高消费阶段，但是随着我国中产阶级人群的进一步发展壮大，体育经济将在整体上由成熟阶段向高消费阶段转变。老百姓对体育物质消费品需求的增势逐步减弱，对与人的健康和生活质量提高密切相关的体育服务消费品的需求正在快速提高，体育休闲娱乐需求快速增长，体育消费结构将逐步向去物化方向发展。

（五）产业内部结构逐步疲软

从目前发达国家体育产业趋势来看，体育服务业将占据产业构成的主要地位，呈现产业结构高度疲软的趋势。当前，我国体育产业正在逐渐优化中，体育服务业占体育产业的比例有所提高。

（六）产业区域结构协调发展

以珠江三角洲、长江三角洲、京津冀地区为中心的体育产业经济圈将向着规模化、现代化方向发展，这些区域的中心城市，如北、上、广等将成为我国体育产业发展的模范，这些城市将带动全国其他地区体育产业的加速发展。随着"一带一路"倡议逐步推进，内陆和经济不发达地区体育产业发展的基础设施条件将会得到很大改善，各个地方利用当地独特的体育资源发展具有地方特色的体育产业与东部发达地区协调发展形成互补。

（七）产业竞争能力明显提高

经过努力，我国体育产业的核心竞争力得到明显提升，体育用品企业更加重视产品的科技含量和创新产品的研发能力，有一批具有国际市场竞争力的明星企业与品牌逐渐成熟。一批具有国际影响力的体育赛事也会落户我国，一批具有自主品牌的地区特色体育赛事将会形成，以此为推手带动体育产业再上一个台阶。

（八）改革产业制度稳步进行

政府体育部门在管理体育产业中的职能将进一步明确，在体育产业政策的制定与完善、体育产业体制机制的创新、体育市场的培育与监管以及体育产业基础性工作方面将发挥重要作用，着重加强宏观调控，以政策法规为杠杆推动全社会体育产业发展。体育产业的行业管理与社会管理职能进一步增强，体育产业领域中各协会组织的沟通、协调、服务和监督作用将得到充分发挥，市场配置体育资源的效能进一步提高。

第二章　我国体育产业发展的新思路

在指出我国体育产业的发展现状及问题后，按惯例应提出解决问题的对策措施，但一方面在这些年中，许多专家学者对我国体育产业发展问题与对策的研究成果丰富，已提出了不少具有建设性的和卓有成效的意见和建议；另一方面由于我们只看到了某些现象，而对问题产生的实质与深层原因还未做有效的探究，故难真正提出可供操作的、并能有效消除障碍的及同时又可超过他人前期研究的对策，因此仅抛砖引玉性地谈几点思考。

第一节　提高体育产业发展的核心竞争力

近年来，随着全民体育运动来袭，体育产业也在不断升级中。未来，体育产业面临难得的机遇，体育产业将步入高质量发展新阶段。虽然我国体育产业发展前景广阔，但我国体育产业的核心竞争力却面临着巨大挑战。由于国内的大部分体育消费市场被国外的品牌长期占据着，只有部分中低端市场留给国内的运动品牌，尽管他们已经把品质和性价比做得比国外品牌还要好，但是经济效益和市场份额依旧难以提升。尽管如此，我国体育核心竞争力依旧拥有很大潜力。

一、我国体育产业核心竞争力的积极因素与消极因素

我国体育产业核心竞争力的影响因素包括积极因素和消极因素[1]。其中，积极因素包括广大的消费人群和消费市场、国家对体育

---

[1]　李秋实．体育产业核心竞争力浅议［J］．合作经济与科技，2022（7）：62-63.

的大力扶持、体育产业投资力度加大；而消极因素则包括国外体育产业竞争大、国内体育经济发展水平较低、体育产品价格与品质不符、体育产业同质化问题严重、创新型体育产业少、体育品牌竞争力低。只有深入分析这些影响因素，才能进一步提高体育产业发展的核心竞争力。

二、提升消费观念，进一步推进体育消费

体育市场的发展是建立在人们体育消费基础上的。体育消费是指人们参与体育活动和观赏体育表演的消费，是现代生活消费的重要组成部分。随着人们生活水平的提高和体育运动的生活化、市场化与商品化，体育消费需求大幅度增长。为追求健康文明的生活方式，许多国家的家庭和个人用于获得健身器材、服装、场地、指导的消费大幅度提高，形成巨大的体育消费市场，成为新的消费热点和投资热点，也成为经济学家、社会学家和政府部门关注的热点。可以说，广大的消费人群和消费市场是我国体育产业核心竞争力的积极因素。

作为世界上最大体育消费国的美国，体育消费市场持续扩张，已达到了空前规模。美国人的体育消费种类繁多，其中主要包括了体育娱乐与休闲消费、购买体育产品和体育服务等方面的支出。从消费结构上来看，休闲运动是美国国民体育消费的最大支出项目，同时也是增长速度最快的项目；另外是运动器械、运动服装和运动鞋的消费支出。

最近几年，随着体育健身的时尚化，在部分大城市中体育消费开始升温，但总体情况并不容乐观。在体育消费方面，从国内外比赛的门票价格比较便可见一斑。

体育市场的发展必须通过体育消费去推动，所谓"供大于求"，这与目前我国居民体育消费需求不足、体育消费水平不高有直接关系。消费是产业和市场发展的基石，消费不足不仅困扰经济的发展，同样也困扰着体育产业的发展。

虽然在此未直接提及体育用品及服务的价格，如前所说国家对此还没有单列的统计指标，但按惯例是含在娱乐教育文化类中的，对其价格的走势我们不妄加推测，但也可做参考。

当然，人们体育消费习惯养成的过程是长期的，并应是自然形成的，特别是当人们在消费顾虑重重之时，要提高居民体育消费在整个消费支出中的比例，这是用行政手段解决不了的。但从现在做起，进行恰当的宣传和正确的引导，通过不断地强化和潜移默化的作用，总会有收效。

三、形成品牌效应，提高核心价值

从体育产业的长远发展角度来说，树立市场品牌非常重要，名声打出去才会吸引来更多的用户，才能在竞争激烈的体育消费市场中占有一席之地。建立完善的运营模式、营造活跃良好的环境氛围都是树立知名品牌的核心要点。

体育产业实际上就是一个做品牌的产业。试想，奥运会、世界杯等国际比赛，田径黄金联赛、羽毛球公开赛、F1赛等商业比赛，NBA、意甲、英超等国内外赛事，耐克、阿迪达斯等体育用品，如果没有形成品牌，会有这么大的影响力吗？品牌在市场上的优势不言自明。

品牌虽然是一个名字，但在消费者的心中又是富含商品个性、品质、服务、形象与承诺的名字。品牌既是在消费者心目中企业品质的代表，又是给经营者得到丰富回报的信誉保证，同时还是一种无形资产，是企业发展的财富。品牌是现代企业营销的强音，是企业发展壮大、增强市场竞争力的重要途径。

现代经济生活中市场竞争的日趋激烈，使品牌成为在竞争中能否获胜的一个重要筹码。曾有人预言，在21世纪，决定国家经济地位的因素，除了科技实力以外，就是以品牌为代表的市场占领。品牌的竞争必然要求企业注重品牌策划，铸造品牌形象，以品牌经营为中心，增强自身的实力。因此，体育产品想要在市场上立足，就必须拥有自己的品牌，没有强有力的品牌就会缺乏竞争力。

核心竞争力又称为核心能力或核心专长，它是企业独特拥有的、为消费者带来特殊效用、使企业在某一市场上长期具有竞争优势、获得稳定超额利润的内在能力资源。核心竞争力是企业主导产品的市场占有能力，它直接关系到企业品牌的市场地位，是产品价值的最终体现。企业要创品牌，要出名品，就必须增强其核心竞争力。

核心竞争力一旦形成，就具有独特的特征，即难以替代、不易模仿。正是由于其与众不同，难以被对手完全掌握或模仿复制，才决定了具有核心竞争力的企业能在市场竞争中占有优势地位。从这一意义上讲，体育企业要养成核心竞争力，在生产体育产品的抉择和造就品牌时，就应当认真考虑分析其产品是否具有异质性、无可替代性和排他性。只有突出自己的个性与特色而不是盲目效仿，企业的品牌才会具有生命力。体育产品具有不可替代性和难以模仿性。同行竞争企业无法通过其他形式来替代它，产品在为顾客创造价值的过程中具有不可替代的作用。这种独一无二的特点能为企业带来超过市场平均水平的利润。因此，体育产业要推进产品创新，鼓励创新，不断在创新中发展、发展中创新。

一个品牌最中心、最独一无二的要素通常表现在核心价值上。核心价值反映了品牌的精神，而且是与目标消费者取得共鸣的精神。核心价值是品牌的终极追求，是把肤浅品牌提升为强势品牌的关键，是影响品牌延伸的重要因素。是否拥有核心价值，是品牌经营能否成功的重要标志。如何打造核心价值，是中国体育产品品牌需要认真对待的重要课题。中国体育产品要从地区向国际、从一般品牌向一流品牌、从弱势品牌向强势品牌升级，打造具有鲜明个性的核心价值是迈向超级品牌的必然抉择。为此，定位、打造、宣传和维护是必不可少的工作。

总之，加大我国体育市场和体育产品的开发力度，加快推出具有特色的体育精品，以品牌为重点做大做强体育产业，铸造体育产品知名品牌，增强体育企业的核心竞争力，将资源优势转化为品牌

优势，进而形成市场竞争优势，这对我国体育产业的可持续性发展
有着重要的现实意义。

四、管理体制与机制创新

从市场经济运作方式中可以看到，目前我国体育管理体制与其
基本要求并不匹配。我国体育运动管理体制是长期以来形成的，主
要是与计划经济相配套的，即"举国体制"。在这种管理体制下，许
多本来应当市场化的事，实际操作上却变了味儿。迄今为止，中国
体育产业化基本上还是"企业投入，职能部门管理"模式，投资者
不能直接参与管理，俱乐部的经营没有实行公司制，没有实施真正
的市场化运作，这极大地限制了社会、企业、投资者的热情，也给
俱乐部经营带来极大的困难。

改革开放多年来，在我国经济社会不断发展的同时也取得了显
著成就。尽管体育运动赖以生存和发展的经济基础、体制环境、社
会条件发生了深刻变化，但制约我国体育产业发展的深层次矛盾依
然存在，主要表现为：一是计划经济时代遗留下来的体育管理体制
和运行机制影响较深；二是政府职能的越位和缺位导致政事不分、
事企不分、管办不分，既造成政府不堪重负，又使社会参与的积极
性得不到充分发挥；三是对公益性体育事业和经营性体育产业缺乏
分类管理和指导，造成大量社会资源处于闲置和浪费状态；四是结
构不合理，体育事业部分偏大，体育产业部分偏小；五是体育市场
体系尚不健全，公平竞争的市场环境和规范的市场秩序尚未建立起
来。要解决这些问题，就应从思想观念改变、体制改革与创新等方
面入手，努力构建适应社会发展需要的体育管理新体系。虽然体制
改革可能触及一些人的既得利益，但改革确是社会发展的必然，大
势所趋、不可阻挡。

所谓管理创新，就是在科学理论的指导下，对传统的管理制度，
进行根本性的变革，并重新选择和构建新的管理方法和制度。管理
创新是创造一种新的更有效的资源整合范式，这种范式既是新的有

效整合资源以达到管理目标和责任的全过程，也是新的具体资源整合及目标制定等方面的细节。管理体制创新是一个综合的复杂的系统工程，它既需要全社会创新价值观念的更新，也需要全社会创新能力的增强，更需要建立和完善创新保障体系。主要包括观念创新、结构创新、体制与机制创新、政策创新以及内容、形式、手段等方面的创新。

管理创新这一概念至少应包括：①提出一种新管理思路并加以有效实施；②创设一个新的组织机构并使之有效运转；③提出一个新的管理方式方法；④设计一种新的管理模式；⑤进行一项制度的创新①。创新是一种理念，更是事业生存发展的内在要求。只有通过管理创新才能使管理体制和运行机制更加规范合理，实现人、财、物等资源的有效配置。

在体育管理体制改革方面，体育管理体制的创新与相关政府部门职能的转变最为重要，因为只有当管理体制创新和政府职能转变得以实现后，其他方面的改革才能有效推进。实际上，在市场经济条件下，多数体育产品可以转化为商品，而对商品的运作则必须按市场规律办，管理体制改革的目的就是要使其符合市场规律的要求。从我国体育产业发展的角度讲，现行体制不改、体育市场难旺。

第二节　优化体育产业的相关政策

政策，在体育产业发展中发挥着重要的导向作用，能够使体育产业得到进一步优化。

一、体育产业政策对体育产业发展的作用

所谓体育产业政策，是指政府和体育主管部门为了能够顺利实

---

① 腾野. 体育产业发展的理论与实证研究［M］. 北京：中国华侨出版社，2021：45.

现国民经济以及社会发展目标，依据体育产业发展的客观要求和自身特点，采用诸多经济手段和政策工具来引导、干预和规划体育产业的形成与发展的一种经济政策。体育产业政策对体育产业发展的作用主要体现在以下几个方面。

（一）促进体育产业结构合理化与高度化

在体育产业结构变动中，体育产业政策发挥着非常重要的作用。主要是因为体育产业各部门间科学的联结方式、合理的比例关系，以及随着需求结构的变化，产业结构与需求结构的动态适应，都涉及资源在全社会范围内有计划的调配。从全局宏观经济的角度出发，政府要根据市场供求不断变化的趋势来制定并实施合理、科学的体育产业政策，采用法律、行政和经济手段，在体育产业各个部门之间对资源进行合理的分配，对体育产业各部门间的量的比例关系和关联方式进行调节。

（二）弥补市场失灵的缺陷，有效配置体育产业资源

根据以往经验来看，对市场失灵的缺陷进行弥补，是各国制定各相关产业政策的最普遍的方式。对于市场机制来说，其并不是万能的，市场机制的局限在于提供公共物品的部门和企业，以及存在不完全竞争、外部经济型、垄断的条件下，在对资源进行有效配置方面，价值机制并不能发挥出有效的作用。通过制定并实施产业政策有助于市场失灵的问题得到有效的解决，促使经济运行的质量得以全面提高。体育产业政策的科学合理制定，通过将市场机制与体育产业政策有效结合起来，能够有效降低由于市场缺陷和市场失灵所造成的产业效率损失，从而更好地引导体育产业向着高度化目标发展。

（三）实现体育产业超常规发展，缩短赶超时间

对于经济相对较为落后的国家来说，若想要短时间内在体育产业的技术体系和规模方面形成竞争力，只依靠市场的自由调节，需要耗费长期的资金积累过程，很难在短时间内满足体育产业快速发

展的要求。而体育产业政策便是在市场机制基础上政府更有效地实施"赶超战略"的需要。

（四）增强本国体育产业的国际竞争力

体育产业全球化发展在当今经济全球化背景下，已经形成了不可逆转的趋势。通过制定体育产业的全球化政策，政府或体育行政部门在全球化进程中，能够更好地促进本国体育产业获得竞争优势。

二、加快体育产业发展的政策选择

（一）选择合理的体育产业组织政策

选择合理的体育产业组织政策的总体目标就是优化体育产业内部资源配置，理顺体育产业内部企业之间的关系，建立良好的竞争秩序，使体育市场既要保持充分的活力，又能产生规模经济效益。选择合理的体育产业政策就是要从产业成长的角度出发，切实优化体育产业组织结构，增强体育产业的市场竞争力，提高体育产业的规模经济效益。

根据我国体育产业发展的实际，制定恰当合理的产业组织政策，不断优化市场结构，对增强体育市场活力，促进体育产业发展，会产生重要的推动作用。选择合理的体育产业组织政策主要包括以下几个方面：①保护竞争与抑制垄断；②深化体育产业内部组织改革；③促进企业规模化经营。

（二）区域体育产业发展政策选择

区域体育产业发展政策的选择，首先要对体育产业发展的客观条件进行科学分析，这是区域体育产业发展政策制定的基本依据。体育产业发展的客观条件包括：一是特定城市或地区在更大区域中的影响力；二是经济发展水平和体育人口的数量；三是自然环境条件；四是地方政府发展体育产业的决心。在准确分析不同地域体育产业发展的客观条件的基础上，就可以制定区域体育产业发展政策。

对我国现阶段而言，一是要基于体育产业发展的全局，恰当地布局不同区域的体育产业门类。对于经济发展水平高、城市人口基数大、体育人口多、体育产业发展基础好的地区或城市，如北京、上海、广州等一线城市，可以把体育产业按照主导产业来培育和发展，着力打造国内一流、有较强国际竞争力和影响力的综合体育中心城市；对于各方面条件与上述城市有一定差距，但同样具有一定的体育产业发展优势的区域中心城市，要恰当选择适合本地区特点的优势体育产业门类，打造特色鲜明的区域体育中心城市。二是恰当选择区域体育产业的主导产业门类。不同地区自然条件不同，主导体育产业门类的选择也应有所不同，应避免体育产业门类选择上的趋同化。

（三）采取强有力的体育产业扶持政策

1. 财政支持与税收优惠

我国政府目前用于体育发展的经费支出还远远低于发达国家水平，如果扣除公益性体育产业支出，其实真正用于体育产业发展的经费寥寥无几，很难对体育产业发展起到支持作用。今后，应逐步扩大体育经费在国民收入中的比重，充分发挥财政投入的导向性作用，在加大公共体育场馆建设和维护、社区体育健身场地与器材、居民体质监测等方面投入的基础上，要通过财政补贴的方式，着重扶持一批体育健身休闲业和竞技体育经营业中的骨干企业和龙头企业的发展。

税收方面，要针对体育企业税负过重的问题，实施多方面的税收优惠政策，通过税收减免、国有资产占用费返还等方式，保证体育企业有足够的利润空间，强化体育企业的扩张能力。

2. 融资支持

当前，我国许多体育组织与企业面临严峻的资金困境，体育产业长期处在低层次发展水平。要加快体育产业发展，必须给予强有力的融资支持，通过制定融资优惠政策，拓宽融资渠道，保证体育产业发展拥有一个相对宽松的资金环境。一是各级金融机构要把体育产业纳入优惠贷款范围，通过实施低息贷款或财政贴息贷款等优惠措施，支持国家体育产业规划中重点发展的体育产业门类和重点体育项目建设；二是要降低民间资金准入门槛，以广泛吸引各种社会资金进入体育产业领域；三是要把风险资本引入体育产业，支持体育产业中的优质企业通过证券市场上市融资；四是要通过扩大体育彩票发行规模和建立体育基金的方式，筹措体育产业发展基金。

3. 土地和国有资产使用优惠

当前，解决体育产业发展所需要的土地问题，必须开阔视野，采取多种形式加以解决。一是对凡具有典型公益性质的体育产业土地使用，政府应予以优先解决，并应尽可能给予税费减免；二是鼓励拥有比较充裕土地资源的企事业单位以土地入股的方式与体育产业开发商联合建设体育场馆，国家土地管理部门应充分考虑体育产业的特殊性质，在土地使用方向调整审批上制定特殊政策，尽可能放宽有关限制。

由于公共体育场馆属于公益性部门，其使用的效率直接关系到居民的公共福利水平的提高，因此，各级政府的国有资产管理部门应该把所征收的国有资产占用方面的收入返还给体育场馆经营单位，以用于公共体育场馆的维护、更新和改造。

4. 居民消费引导政策

随着我国经济的快速增长和城乡居民收入水平的持续提高，居民消费结构正在发生转型，体育消费作为一种健康消费，不仅是居民消费结构升级的重要方向，而且也是事关提高我国国民身体素质的战略性消费方式，因此，国家应该采取强有力的措施促进国民的体育消费增长，并为体育产业的发展奠定坚实的需求基础。首先，各级政府要积极采取各种有利于启动居民体育消费的政策措施，不断壮大体育产业；其次，要充分利用各种新闻媒体大力宣传体育运动，引导体育消费时尚和风气，培养大批的体育运动爱好者和消费者；再次，积极引导和推动社区体育健身运动，增加大众体育健身设施，例如街道有较高水平的体育健身俱乐部、每年举办有一定群众基础的体育比赛，从而夯实体育产业发展的消费者行为基础。

（四）运用恰当的产业规制政策

1. 体育产业规制的原因

产业规制政策是指依据一定的规则对构成特定社会的个人和构成特定经济的经济主体的活动进行限制的行为。产业规制政策实施的目的是维护正常的市场经济秩序，限制市场势力，提高市场资源配置的效率，增进国民的社会福利，保护社会公众的利益不受不正当竞争行为的伤害。产业规制的原因主要有两个：一是市场失灵；二是社会公平和意识形态方面的考量。产业规制还有利于保护劳动者就业的自由选择权以及收入分配的公平性，并通过对产业主体行为的规制，优化市场交易环境。

体育产业规制源于体育产业本身的特殊性，其一是竞技体育经营业、体育信息传播业、体育广告业等体育产业部门具有一定程度的自然垄断性质；其二是体育休闲健身业等体育产业部门进入门槛较低，但这些产业又具有公益性产业性质，产业规制政策不仅可以抑制过度竞争，避免有限体育资源的浪费，也有利于促进国民的社会福利增长。

2. 体育产业规制的主要政策

尽管改革开放以来我国体育产业已经有了长足的发展，但总的来看，体育市场仍处于初步发育阶段，市场规则不够健全，政策体系不够完善，体育产业的经济性和公益性功能都未能很好地发挥出来。因此，要确保体育产业的健康、快速发展，不仅需要一系列产业支持政策，还需要成体系的产业规制政策，具体包括进入规制、质量规制和价格规制。

三、建立体育产业发展的新政策体系

对体育产业发展新政策体系的构建是建立在我国目前体育产业发展的客观实际以及制度的深层次关系，以及体育产业发展对政策创新的具体需求基础之上的。构建相应的新政策体系是对政策进行创新的重要目标，而创建出来的新的政策能够使体育产业发展的基本制度需求从客观上得到满足，同时，为主体找出愿意提供的相应的政策供给。从政策的角度来看，构建出来的新的政策体系能够使对体育产业发展所受到的各种阻碍得以有效的解决，从而使体育产业发展得以促进和引领，在国民经济发展中，使体育产业发展所发挥的重要作用得以深化。

从体育产业自身来看，新的创新出来的政策体系应当由各个层面相应的政策需求融合组成，这些需求都对体育产业发展中的政策的现实作用予以侧重。因此，根据制度经济学的相关基础理论，可将体育产业发展的新政策体系划分为正式政策层和非正式政策层两大层次①。其中，正式制度层主要由基础政策层、引导扶持政策层和监管政策层所组成，能够起到突出作用；非正式政策层能够发挥完善的作用，包括各项非正式政策。实际上，在体育产业发展中，各个层面相互之间彼此依托，共同发挥作用，在体育产业发展中各层面作用的侧重点存在差异。

四、体育产业发展政策的创新策略

（一）制定优惠的财政、金融、价格政策，扶持体育产业发展

国家的财政、税收、价格、金融信贷、土地使用、国有资产管理等宏观经济政策，作为促进国民经济健康发展的经济杠杆，对体育产业发展方向有着十分重要的控制和调节作用。从我国体育产业发展的实际看，要提高体育产业的竞争力，不仅要为体育产业发展构建良好的内部环境，更需要税收、信贷和财政货币等相关经济政策的扶持，为体育产业进一步发展创造良好的外部环境。

（二）规范体育市场管理政策

体育市场政策法规是在社会主义市场经济条件下，为了对体育市场进行业务管理而制定的行业政策和法律规范。体育产业的发展

---

① 喻丙梅. 现代体育产业的优化管理研究［M］. 北京：中国水利水电出版社，2017：157.

是通过市场来实现的，体育产品生产单位也必须通过市场来实现产品的社会价值。体育市场的发展程度直接影响着体育产业的发展水平和程度。所以，在发展体育产业的同时，要构建一个有序的体育市场运作体系，切实保护各类市场主体的利益。

各级政府和体育行政管理部门在现阶段最为紧迫的任务就是对传统的体育市场管理办法进行改变，根据市场化和产业化的要求，加快制定出公开、公平、公正、功能完备、反应灵敏的体育市场运行规则，保障各种类型、各种所有制企业和各市场主体的有序竞争，以实现社会体育资源能够按市场规律自由流动，即体育人才、资本、设施、场地等资源，能够按照市场需求和大众体育消费需求，合理配置。这主要从三方面进行，即规范市场管理、加强法规建设、提高人员素质。

（三）引导居民体育消费的政策

经过 20 多年的快速发展，我国国民经济得到了持续不断的增长，社会物质财富也得到了极大的丰富，人们的物质生活水平有了很大的提高。在此基础上，居民的消费需求和目标也转移了，开始关注精神产品方面的消费。体育消费作为非必需性生活消费，迎合了大众精神追求初级层次的消费需求。

事实上，体育消费是具有较高弹性收入价格的消费。在人们经济收入不断提高的情况下，体育消费方面的消费支出也会随之扩大。在体育消费的产品价格发生变化时，市场对产品的需求量也会随之产生变化。只有对体育产品的价格定位与居民的可支配收入水平进行充分考虑，才能使体育消费成为居民新的消费热点。国家只有针对居民体育消费制定出相应的鼓励政策措施，积极引导人们参与丰富、健康、多彩的体育消费活动，提高体育消费方面的支出，才能促使我国体育产业超常规发展的顺利实现。

第三节 构建体育产业发展的多元化支持体系

我国体育产业的发展近几年来取得了很大的成绩，但还存在很多问题。我国体育产业的发展必须适应市场经济发展的规律，按照市场经济发展规律办事，构建和完善体育产业发展的多元化支持体系，从而使我国体育产业能获得长足发展，成为我国经济发展过程中的一个新的经济增长点。体育产业多元化支持体系的构建，是一个复杂的社会系统工程，既要进行科学构建，又要与时俱进，是客观情况的变化与发展所做的必要的调整。

一、建立和完善体育产业发展的投融资支持体系

中国体育产业投融资活动总是客观地依赖一定的体制和制度。所谓体育产业投融资体制，是关于体育产业资金的融通、投入、运作与监管等活动的制度安排，是各种关联要素有机结合的系统结构。它是体育产业投融资政策与制度组织化的体现。体育产业投融资体制属于体育经济范畴，其运行构成了国民经济中的体育经济行为。

（一）体育产业投融资体系的多元化方式

当前，我国体育产业发展存在的突出问题资金短缺、经费不足已经越来越影响到体育产业本身的生存和发展，多方位拓宽资金筹集的融资渠道必然摆到了我们的面前。因此，加快我国体育产业多元化投融资体制的发展成为亟待解决的问题。

目前，我国体育产业资金来源主要有三个方面：国家、地方政府和国企，渠道比较单一。我国体育产业发展所需要的资金除了争取中央政府投入外，还有很大缺口需要我国各地区自己解决。因此，在积极探索建立社会主义市场经济体制下体育产业投融资活动新体系的同时，必须拓展和创新投融资思路，特别是对于我国西部一些发展相对滞后的省份来说，要大胆地冲破传统观念，建立一种新的体育产业投融资理念，在使传统融资途径继续发挥其作用的同时，

要超常规地大胆设想和尝试新的融资方式，实现筹融资活动的跳跃式发展。主要的投融资方式有以下六种：体育产业股权融资、体育产业债券融资、体育产业基金融资、商业银行贷款融资、体育赞助融资、体育彩票融资。另外，通过借鉴国外发达国家体育产业多元化投融资体制及其法规和政策理论与实践研究成功的经验，对于进一步推动中国体育产业多元化投融资的快速发展具有重要的现实意义。

（二）中国体育产业投融资的现状及存在的问题

随着体育事业从公益型向产业型、从计划经济型向市场经济型、从国家主导型向社会主导型的转变，近年来体育产业资本的来源正朝着多元化方向发展。首先，在企业上市方面，体育企业集资方式呈现多样化。以中华体育教育基金会为主要机构的中国体育基金市场，正在建立起来并刚刚开始投入运作；在股权融资风险投资方面，目前中国足球、篮球俱乐部很多都是通过和大企业、大公司联姻，寻求风险投资的注入作为主要融资手段，并逐渐成为中国体育产业除国家投入以外的主要融资方式。其次，体育彩票也成功筹集了大量资金。中国体育产业巨大的发展空间已吸引了国内外资本的投入，包括各国的证券基金、银行和保险等金融机构，但从资本进入的速度和规模来看，仍然具有速度慢、规模小的特点。目前来看，一大批体育企业通过资本市场投融资运作筹集的资金迅速增加，它们发展成了国内知名的体育企业。部分体育企业不仅具备了现代企业的形式和内涵，而且在融资能力和科技创新方面，也具备了更高层次的参与国际竞争的能力。中国社会投资办体育的形式发展很快，涌现出了一批符合现代体育产业制度的知名体育俱乐部、体育企业和体育集团投资公司。

目前来看，中国体育产业投融资的存在问题主要表现在三个方面，即中国体育产业投入水平低、体育产业投融资体制不完善和体育产业融资困难。

（三）构建适合中国国情的体育产业投融资体系

根据中国国情和经济结构的现实情况以及中国体育产业的发展现状，构建中国体育产业投融资体系应从以下几方面考虑。

1. 完善中国体育产业财政投融资体系

财政投融资是体育产业发展的物质基础和基本保障。对发展仍处于初级阶段的大多数体育企业来说，自身积累有限，应探索多种外源融资渠道；同时，由于在体育产业的投融资中存在市场失灵现象，又决定了必须有适当的政府干预。因此，中国应按照体育产业市场经济财政投融资的基本定位和全新理念，加快体育产业财政投融资体制的改革，完善体育产业财政投融资机制的构建，以促进体育产业财政投融资运作功能的最终实现。具体来说应做好以下工作：完善体育产业财政投融资出资人制度；通过立法规范体育产业财政投融资定位；建立包括财政投融资的体育产业财政预算；建立投资资本与信贷决策互为制衡的决策机制；大力发展体育产业财政信用；加快制定财政支持体育产业发展的投融资政策。

2. 发展中国体育投融资资本市场

作为一种较高层次的投融资经营，资本市场投融资对于体育企业追求利润最大化、扩大市场份额、形成规模经济、降低风险、实现体育产业资源优化配置等具有重要作用。

要大力发展中国体育产业股权融资市场。在国际上，证券市场股权融资是体育产业融资方式的重要一种。快速发展中国的体育产业，需要借鉴发达国家利用证券市场促进体育产业发展的经验和办法，借助证券市场发行体育产业债券，同时，还必须依靠市场机制的作用，借助民间资本来发展中国的体育事业。建立多层次的体育产业债券市场体系，运用现代通信技术和计算机网络构建新的交易系统，解决中国体育产业债券流通渠道问题。与此同时，大力培育体育机构投资者，增加体育产业债券的数量和品种。

3. 培育中国体育产业投融资中的风险投资

体育产业风险投资是由专业投资机构在自担风险的前提下，通过科学评估和严格筛选，向未来有发展前景的新创项目或市值被低估的公司、产品注入资本，并运用科学的管理方式增加体育产业风险资本的附加值。体育产业风险投资这种独具特色的资本运营方式从融入资金、多股创业，到通过企业上市等途径回收全部资本的运营过程，始终都处于高风险中，为此，我们要创造良好的内外部环境以确保其成功运作。首先，政府对于自己的角色要有一个全新的定位，并提供各种优惠政策；然后，要建立健全体育产业风险投资信息披露机制，以增加投资者对体育产业风险投资的信心；最后，要继续完善体育产业风险资本的退出机制，促使资本循环，实现资本增值。

4. 构建体育产业投融资体系的政策保障

（1）发展基金的设立。政府设立体育产业发展基金，为体育产业的运作积累资本。对于发展位于初级阶段、各方面还不够成熟的体育产业，政府资金的注入是必不可少的。如何使有限的资金发挥最大的经济效用，是解决体育产业在资金紧张的情况下快速发展的关键。在这个过程中，政府不仅要对其注入资金，更重要的是通过政府的投入引导更多的社会资金进入体育产业，使社会资金在体育产业发展中充分发挥作用。成立体育产业发展基金，是实现这一职能的一种较好的方式。在基金的运作管理上要强调市场机制的作用，适当减少政府干预。

（2）投融资环境的改善。政府要建立和完善相关的法律法规和政策制度，以规范和保护体育产业投融资活动，保护投资者的权利与利益，增加社会资金注入的信心。同时，应建立健全严格的资金使用法律法规，提高体育产业财政信用和周转资金的使用效率。另外，要加强对各种中介机构的培育和规范，完善体育产业投融资的服务体系，为体育产业投融资提供便捷高效的通道。要完善体育产业投融资的信用担保体系，解决体育产业投资的资信问题，确保投融资良好实现。

（3）多层次市场的构建。政府要努力建立多层次的体育产业投融资市场，实现体育产业投融资的规范化、全面化。多层次的投融资市场，能够更好地为不同发展阶段和不同发展规模的体育产业服务。与此同时，要提高投融资市场工作人员的素质，提高办事效率，减少投融资不必要的额外成本的发生，为体育产业提供良好的投融资环境。

二、建立和完善体育产业发展的政策支持与中介服务支持体系

21 世纪体育与经济的关系日渐密切，体育产业作为体育经济的主要内容，在全球产业结构调整过程中，表现出强大的发展势头，已经发展成为一些国家重要的支柱产业，每年以较快速度递增，不仅满足了公众娱乐需要，同时对经济的发展起到了一定的推动作用。体育产业的发展对于国民生产总值的增长，人民群众体育消费和劳动者素质的提高，乃至国家产业结构的调整、刺激和拉动需求等都具有不可忽视的作用。因此，我们应该充分发挥体育产业的经济功能，努力实现体育的最大经济效益。然而，在中国现代化建设中，国家对于体育产业结构的调整还不够完善，对于体育行业基本建设投资以及财政拨款更是远远不够，因此需要通过发展有效的政策支持与中介服务支持体系来补充缺口，使其得到更好的发展。

（一）政府支持体育产业多元化发展的动机

在商品经济高度发达的现代社会中，发展体育经济不仅是体育本身发展的必然要求，也是现代社会经济发展的要求。体育产业的发展不仅取决于体育市场的成熟和完善，还需要政府对其进行相应的扶持和指导。

1. 体育产业多元化发展是经济与社会发展效益的统一

当前，世界高新技术飞速发展，全球范围内第三产业在经济增长中的地位日益显著。体育产业作为第三产业中的一个重要部分，近年来，在人类越发坚持体育锻炼、推崇健康生活的大背景下发展得尤为迅速。世界上越来越多的国家和政府，都将体育产业及其产

业群的发展放在其经济发展的蓝图之中。而在这些重视和积极发展体育产业的国家中，体育产业及其产业群均成为他们经济增长的重要源泉，如世界著名的运动品牌：耐克、阿迪达斯；著名的大型运动赛事经营：美国 NBA、英超联赛等。在体育产业多元化内涵中，关于体育产业工业化、农业化、商业化和信息化的结合及体育产业集群化的功能，体现了体育产业多元化在经济发展中创造效益的范围和能力。体育产业通过以体育运动及其相关活动、产品经营为支撑，成为国民经济中的重要部门，具有和其他经济部门相同的性质——讲求经济效益，注重市场效益；同时，更具有区别于其他经济部门的特性——提升公民体质，促进文化生产，振奋民族精神，实现人的全面发展与社会文明进步的和谐统一。在许多文化与体育发展薄弱的国家与地区，大力发展体育产业、促进体育产业多元化的发展在文化功能和社会文明上的作用有时更超越了经济上的作用，给他们的社会发展带来不一样的体验与收获。有鉴于此，许多在体育产业上发展不足、基础和经验处于空白状态的国家和政府纷纷采取多种对策加速体育产业的发展，以谋求通过体育产业的发展推动经济增长与社会发展的和谐统一、齐头并进。

2. 体育产业多元化发展对当前我国经济政治文化社会发展的促进作用

改革开放以来，我国的体育事业得到了开放式的飞速发展。取其精华、去其糟粕，积极地引进来、走出去，使得我国的体育事业从以举国体制的方式投入竞技体育，发展到注重学校体育、社会体育、倡导全民健身，直至将体育事业产业化，体育产业多元化的发展方向。体育产业多元化的发展，对当前我国经济、政治、文化以及社会的进步起到了不可小觑的作用。

在经济方面，随着中国申奥成功，"奥运时代"的到来在全国范围内催生了一股体育旋风。全国人民以极大的热情投入体育锻炼、体育事业的建设中。因此使一大批与体育相关的生产企业如雨后春笋般成长起来，并逐渐显示出多元化的趋势，其中包括体育用品、体育设施、体育服装、健身俱乐部等。这一系列体育产业的发展、体育产业多元化的发展成为近年来国民经济增长的有力推手。

通过体育产业多元化的辐射作用，增加了我国与周边国家，乃至世界各国的政治交流，增加互信。更重要的是与体育产业发达、体育产业多元化发展水平较高的国家与地区政府加强沟通，也有利于推动我国体育产业多元化的发展。

所谓"文体不分家"，体育事业与文化事业两者的发展是息息相关、相互促进的。体育产业多元化的发展有利于文化事业的繁荣，丰富文化领域的内涵，深化文化事业的改革和变化，体育产业多元化的发展更给文化产业的发展带来全新的思路和方向性的思考。

体育产业是社会关注度极高的焦点产业。随着经济水平的发展，人民群众对生活方式的选择以及对健康观念的更新促使体育产业向前发展，同时也对体育产业的多元化发展提出了新的要求。体育产业多元化在某种程度上也是一个社会化的过程，是体育事业社会化的体现，同时也对社会的发展起到正面的作用。

3. 我国从体育大国向体育强国的必经之路

我国在竞技体育上可以称得上"体育强国"。但是从真正意义上来说，我国只能称为体育大国，而与"体育强国"还有一定的距离。

所谓"体育强国"，是一个相对的概念，比较的概念，并没有固定的、定量化的评价体系。它是在与其他国家的比较中作出的判断，是对一个国家体育发展总体实力的定性化评价。竞技体育的国际竞争力和群众体育的发展水平是衡量和判别体育强国的两项基本标准。体育产业、体育科教、体育法制、体育传播、体育管理和体育交往等构成了体育强国的支撑系统。体育精神、体育威望、国际体育话语权等是体育强国的软实力表现。自此可见，我国在体育强国目标前进的过程中，作为支撑系统首位的体育产业应作为体育强国的判断标准之一，而在体育产业发展中，体育产业多元化的发展必不可少，因此，体育产业及其多元化发展也是体育强国的必经之路。

（二）政策支持与中介服务支持体系的发展

1. 建立和完善体育产业发展的政策支持体系

体育产业政策体系是指与体育产业有关的各项政策的总和。体育产业是一个多门类、多层次、纵横交错的产业系统。政策支持体系是体育产业发展支持体系中最重要的一个子系统，是国家各级政府调控体育经济运行的最直接手段，是对体育产业发展提供指导、支持与协调以及改善环境的一种重要的管理方式和实施机制。建立和完善我国体育产业发展的政策支持体系，提高体育产业自我发展能力，必须坚持体育产业的发展与我国经济和社会的发展相协调，与社会主义市场经济体制相适应。借鉴发达国家的经验和有益的方法，尽快建立和完善我国体育产业发展的政策支持体系。我国体育产业政策支持体系主要包括体育产业资产管理与开发政策、体育产业投融资政策、体育产业市场监督管理政策、体育产业税收政策、体育产业劳务价格政策、竞技体育产业政策、群众体育产业政策、体育场馆产业政策、体育教育产业政策、体育产业无形资产开发经营政策、体育产业基金经营管理政策、体育产业相关产业政策和体育产业内部政策等。

2. 建立和完善体育产业发展的中介服务支持体系

在激烈竞争的体育市场环境中，体育产业要想迅速发展，必须集中体育产业有限的资源和精力发展优势、核心能力和核心产品，这就需要有相应的体育产业中介服务与咨询支持系统的帮助和支持。体育产业中介服务体系建设应体现以下几个特点：一是针对性。针对我国体育产业类型和特点提供所需的各种服务。二是专业化。国家要注重发展高水平、专业化、名牌体育产业中介服务，并积极引进国外高水平的专业化体育产业咨询公司。三是社会化。注重利用外部条件和资源将次要的或不具优势的业务外包。四是规范化。体育产业中介服务必须规范化，这是体育产业中介服务和咨询企业发展和参与竞争的前提条件，也是现代体育服务业的发展需要。五是虚拟化。网络的高速发展，使个体充分利用社会资源成为可能。体育产业的发展可以利用网络建立网上咨询和网上交易市场，从而实现体育产业中介服务的虚拟化。

三、建立和完善体育产业发展的信息化技术支持体系

在现代体育产业高度发展的今天，体育与互联网之间的联系越来越密切，体育产业的信息化发展已成为未来的一大趋势。在未来的发展中，信息化对体育产业的发展将起到至关重要的作用。因此，加强体育产业信息化的研究，构建一个科学的体育产业信息网站，加强体育产业的信息化运营对体育产业发展具有深远的影响。

（一）我国现有的体育产业信息网站运营模式

运营模式是对企业运营管理过程的总体描述，是为实现企业运营目的而对人、财、物等核心资源运用方式的有机结合。我国现有的体育产业信息网站通过近年来的不断发展，已不断完善和健全。

1. 网站分类

关于我国体育产业信息网站的分类，目前并没有一个统一的划分标准，其运营模式是以企业运营、行政单位与企业合作运营为主。一般来说，以网站功能为主要依据来划分，可以将我国体育产业信息网站分为以下几种类型：包含体育产业信息的综合性网站、体育行政部门官方网站、体育协会官方网站、体育赛事官方网站、门户网站体育频道、体育产业信息垂直网站。

2. 栏目设置

在网站建设中，首先映入访问者眼帘的就是栏目设置，栏目设置是网站最直观的体现，可以说它是网站的大纲，不同主题与功能的网站，其栏目设置都存在着一定的差异。在体育产业信息网站建设中，栏目设置能把最直观的、能直接反映体育产业信息的内容、类别等投向客户，从而为网站运营模式奠定初步基础。一般来说，网站的栏目设置要以客户的需求和使用习惯为基础，这就需要网站负责人员进行相应的调查与分析以确定栏目设置的模式与风格。还要注重根据栏目交互性与交易性的特点来进行设置，呈现出多样化

的趋势。

3. 技术支持

技术支持是网站建设中重要的组成部分，技术支持的主要任务是帮助建设者提升网站建设和运营的效率，借助各种互联网技术工具，完善网站建设。因此，网站技术是体育产业信息网站建设中必不可少的重要因素，是实现网站基本功能的必要条件，缺少了网站技术，网站的建设与发展就会受到直接的影响。

4. 我国体育产业信息网站的主要特征和目标功能

目前我国体育产业信息网站的建设与运营状况良好，取得了初步的成效。当前我国体育产业信息网站呈现出三个主要特征：整体处于初级发展阶段、门户网站体育频道发展迅速、以双向互动为主要发展方向。

一般来说，我国体育产业信息网站的目标功能主要体现在以下四个方面，即形象展示功能、信息发布功能、商务合作功能和资源整合功能。

（二）我国体育产业信息网站运营模式存在的问题分析

整体来看，我国体育产业信息网站当前主要是以打造平台为核心、低成本运营的网站，其核心价值还不够明显，所提供的服务质量并不高，网站和线下产品的结合度也不够高，这在一定程度上制约着网站的建设与发展。总体上看，当前我国体育产业信息网站的运营模式主要存在以下几个方面的问题。

1. 盈利模式不清晰

在体育产业信息网站的建设与运营中，盈利模式的选择非常重要。它是网站创造价值的重要手段，网站运营者要充分考虑产品和服务设计、受众定位和价值增值等因素，选择一个合理有效的盈利模式，这是网站运营成功的关键。但目前我国大部分的体育产业信息网站都没有一个清晰的盈利模式，仅仅只是我国四大门户网站体育频道依靠多年来的受众基础才拥有一个较为清晰的盈利模式，如新浪体育频道、网易频道等的平台空间租金、注册会员费、网络广告等，这些都可以获得一定的盈利，值得其他体育产业信息网站借鉴和参考。

2. 网站内容不优质

在体育产业信息网站建设中，网站内容的建设将直接关系到网站运营的成败，它属于网站的核心竞争力。总体而言，我国大部分的体育产业信息网站过于简单化，仅仅是简单的传播信息，欠缺对信息的分析与整理，不能把信息进行有效的加工而传递给受众，这对于我国体育产业信息网站的发展是非常不利的。目前，我国体育产业信息网站内容建设主要存在着页面设计不足、网站主题不鲜明、信息内容不全面、信息时效性低等问题，这需要借鉴优秀体育信息网站的经验来获得进一步的发展。

3. 运营模式不合理

运营模式是对体育产业信息网站运营管理过程的总体描述，当前我国的体育产业信息网站运营模式非常不合理，没有一个统一的标准的服务战略，服务系统很不健全。很多体育产业信息网站只是简单的复制与套用其他成功网站的运营模式，没有自己的特色，存在着千篇一律的现象，这种不合理的运营模式在很大程度上制约着网站的进一步发展，给广大受众带来不好的心理体验。

（三）我国体育产业信息网站运营模式优化策略

我国体育产业信息网站运营模式的优化要遵循三个基本原则，即分阶段优化原则、定位清晰原则、整合资源原则。具体优化措施如下。

1. 设立合理的网站定位

根据体育产业信息网站发展的实际，找准合理的网站定位是非常重要的。在进行网站定位时，网站运营者不能只考虑单一的定位对象，而要综合考虑各种因素，如网站的类型、功能、性能和管理等要素。可以将我国体育产业信息网站定位为网络媒体和经营平台，其核心功能为体育资源置换找准网站定位后，就要根据网站用户的行为习惯，果断地删除不必要的栏目或版块，抓住网站建设的重点，围绕用户的需求去建设，这样才能有效提升网站质量。

2. 构建清晰的网站盈利模式

一般来说，网站盈利模式可以归结为一个系统。在建设的过程中，网站运营者要根据具体的实际采取各种盈利战略来加强建设。一般而言，体育产业信息网站的核心产品应是体育行业数据库及数据报告，核心服务是将整合的信息资源传递给体育产业信息获取者。网站运营者所采取的盈利模式及活动主要包括设置广告空间、开展培训活动、招商、招纳会员、订购体育相关产品或服务、承办各种体育会展、提供体育旅游服务等。

3. 设计实用的网站内容

一般情况下，我国体育产业信息网站内容主要包括各级文字界面、行业数据库、相关链接等，栏目设置主要围绕体育管理活动、体育竞赛表演活动、体育健身休闲活动、体育服务、体育培训、体育教育、体育产品制造等内容进行构建。在内容优化上要注意以下四个方面：①网站首页的设计要有美感；②网站的核心竞争力应是可以提供体育行业数据库和行业数据报告；③网站要整合资源，保证主题分明、内容清晰；④要精简内容，并及时清理缓存，以提高网站的运行速度。

4. 实施多元的网站推广方法

一般来说，适用我国体育产业信息网站的线上推广方法主要包括：搜索引擎推广方法、电子邮件推广方法、资源合作推广方法、信息发布推广方法、病毒性营销方法、快捷网址推广方法、网络广告推广方法、综合网站推广方法、网站评比推广方法等。还要注重线下推广方式，如与国内重大体育赛事机构进行置换合作，以实现互利共赢。

5. 组建高效的运营团队

体育产业信息网站的运营与建设离不开强大的人力资源，因此组建一个高效的网站运营团队是至关重要的。我国体育产业信息网站运营的重点在于如何完善网站核心服务功能，展示网站形象、加强商务合作与资源整合,扩大服务范围,这些工作都有赖于高效的网站运营团队。除此之外,在组建一个高效的运营团队的同时,还要加强其管理,发扬团队集体主义精神,严格执行网站管理制度,更加高效地完成网站运营工作。

6. 构建合理的运营模式

在构建与发展我国体育产业信息网站的过程中,选择什么样的运营模式非常重要,体育产业信息网站应以建立体育行业数据库、提供数据报告为核心竞争力,以服务客户为中心,以资源整合为核心功能,以盈利模式构建为主体来构建一个高效、科学、具有特色的运营模式。

四、建立和完善体育产业人力资源支持体系

当前,我国体育产业的发展速度越来越快,产业内部分工与协作也越来越精细,这一发展趋势要求不断优化体育产业人才结构,吸引和发掘更优质的人才,使其为体育产业的进一步发展作出自己的贡献。然而,当前我国体育产业人力资源的总体状况并不乐观,问题重重,因此要加强开发与培养,提高体育产业人力资源的专业素养,使其成为真正服务于体育事业的优秀人才。

(一) 体育产业人力资源培养模式的构建

培养体育产业人力资源不仅是实施体育产业发展战略的需要,更是我国体育事业和时代发展的需要。因此,我们必须全面重视体育产业人力资源的培养问题,深入分析与科学构建体育产业人力资源的培养模式。

1. 明确培养目标

在对不同类型的体育产业人力资源进行培养时,都要先设定培养目标。在对体育产业人力资源的培养目标进行制定的过程中,需全面考虑国家与地方的发展需要,尤其是经济方面的发展需要,同时也要对体育产业发展对相关人才的需求进行分析,以此为基础和前提来进行目标设定是比较合理的。另外,还要以区域体育产业的

发展情况为依据来对培养目标进行适时与合理的调整。在具体的规格设定中，需注意以下几点：①注重思想道德素质、职业道德素质、身心素质等基本素质的培养；②培养具有高技能、掌握更广阔知识的人才；③培养全面型的人才，满足体育产业的发展需求；④培养具有管理能力、社交能力强的人才；⑤培养可以掌握信息技术的人才，以适应信息时代的快速发展。

2. 科学进行课程设置

体育产业在逐渐发展，体育产业市场对人才的需求也在日益变化，这就需要不断调整课程方案，调整培养内容与方法，如果不及时调整，培养出来的人力资源很难适应社会发展，很容易被社会淘汰。此外，不同地区的体育产业发展情况不同，体育产业不同领域的发展特点不同，因此要对不同的体育产业人才进行培养，这也是要求合理调整课程设置方案的主要原因所在。可见，体育产业的发展现状、市场需求、不同区域与领域的发展情况等都是调整课程设置的主要依据。在进行课程设置时，要依据一定的标准对课程的类型进行划分，一般将这方面的课程划分为以下几种类型：公共课、基础课、专业基础课、必修课。

3. 丰富培养途径

当前，体育产业对相关人才的需求量很大，而且对相关人才的质量、类型等都提出了很高的要求，这就需要人才培养机构采取多元的有效方法来开展培养工作。然而，当前我国在培养体育产业人力资源方面所采用的方式比较单一，即主要依托学校教育进行培养，虽然这一培养方式取得了很大的成果，但如果单单依靠这一途径，是很难满足体育产业发展需求的。因此，我们应不断开拓新的培养途径，采取多元化的模式与方法来对体育人才进行培养，从而充分满足体育产业市场发展对人才的需求。

（二）体育产业人力资源开发问题与策略

1. 体育产业人力资源开发的问题分析

（1）投入不足，企业对员工培训与发展不重视。通过调查可以看出，我国体育产业领域的相关企业在人力资源开发方面缺乏一定的资金投入，没有重视对相关专业人才的培养，也不注重员工的长远发展，尤其是基层员工的培训意愿和需求得不到满足。

我国的体育企业之所以对员工进行培训，主要是为了应急，不重视系统地、连续地培养员工。因为培训不系统，没有整体的规划，所以效果也不理想。此外，企业在对员工进行培训的过程中，重点对专业知识和技能展开培训，而对思维、心理的培训没有予以一定的重视。从培训方法来看，课堂培训是主要方式，其他形式的培养途径很少采用，这就使得员工在参与培训的过程中表现出一定的被动性。

（2）人力资源管理开发体系还未完善。当前，我国在体育产业人力资源开发方面存在的一个明显缺陷就是人力资源开发体制不够完善，管理开发体系不够健全。对管理人员进行选拔、培养历来都受到了体育产业企业的重视，可以说，企业能否在市场竞争中立于不败之地，并长期占据优势地位，一定程度上取决于管理者这一最宝贵的人力资源。构建体育产业人力资源管理开发体系需要从三个方面进行，即管理教育、管理技能培养和在职体验开发。但是通过调查与分析可知，我国体育产业中很多企业都未建立科学合理的人才管理开发体系，已经建立好管理开发体系的企业存在着体系不够完善、操作不规范等问题，这就严重制约了体育产业人力资源的开发与培养效果。

（3）外围环境存在一定的问题。第一，现阶段，我国体育产业人力资源市场的成熟度较低，科学健全的人力资源开发市场体系还未得到建立，严重缺乏高素质人才。第二，相关法律体系不健全。当前，员工跳槽现象在我国体育企业中普遍存在，而企业的法律环境不健全是导致这一问题出现的主要原因之一。第三，目前，我国现存的社会保障体系还存在很多不足之处。现存的社会保障制度难以使体育企业发展的需要得到满足，也难以满足员工的发展需求。

2. 加强体育产业人力资源开发的策略

（1）以高校为主体，对多层级的教育开发体系进行构建。随着体育产业的不断发展，其需要越来越多元的人才，特别是复合型人才，即要求体育人才能够具备多方面的能力。体育产业的发展要求体育产业人力资源能够"一专多能"，这是对其知识结构的基本要求。所以，高校在对体育产业课程进行设置时，可分四个层次进行设置，即公共基础课程、体育产业专业基础课程、体育产业专业核心课程、职业迁移模块选修课程。高校在体育产业课程教学中，必须加强实践教学，适当增加实践教学的比例，从而促进大学生实践运用能力的提高。实践教学体系包括课内实践教学和课外实践教学两个部分。

（2）以企业为主体，为体育产业人力资源开发营造良好的微观环境。体育产业的重要载体就是相关企业，因此对体育产业人力资源的开发离不开企业的参与。在体育产业人力资源开发与管理的过程中，最基本的工作就是招聘与录用员工。可以说，企业的成败与招聘工作有直接的关系。企业对招聘录用体系进行科学建立，有利于更有效地开展人力资源开发与管理工作。针对当前我国体育产业人力资源的开发现状，在对招聘录用体系进行构建的过程中，需做好三个方面的工作：①详细且深入地分析人员净需求分析与员工职务；②高效开展人才招聘、选拔和录用的工作；③对已录用的新员工做好培训工作。另外，企业还要建立起科学的人才培训体系。

（3）以政府为主体，科学构建体育产业人力资源流动体系。在市场经济背景下，只有明晰劳动力产权，实现劳动行为的主体化，才能促进人力资源的市场化和社会化发展。对此，我国政府可从以下几方面来对人力资源的流动制度进行完善：①从宏观上对人力资源的流动进行调控，制定相应的调控政策和管理条例；②加强对流动人员档案的建立和管理，并严格规范每项工作的程序；③对兼职制度做进一步的规范，促进内部管理效率的提高；④为了解除流动人员的后顾之忧，可适当调整社会保险制度，使社会保险能够更加统一。

（三）我国体育产业人力资源管理创新的实现路径

对社会体育人力资源进行全面开发与充分利用，以高校为依托对体育人才进行培养，以社会需求为依据对体育人才培养的层次与规模进行确定是实现长期有效供给体育人力资源且促进人力资源高效转化的主要途径。

目前来看，我国比较缺乏社会体育人才和体育科研与管理类的人才，如果可以充分培养与补给这些人才，就可以有效推动我国体育产业的发展。另外，随着高科技的不断发展，将科技元素引入体育产业领域的现象也越来越普遍了，不管是在组织竞技体育活动和大型体育赛事上，还是在开发与制造体育运动产品上，高科技元素无处不在，高科技与体育产业融合度的不断提高要求有相应规模的体育人才来充分运用这些高科技，并能够参与体育科技的研发工作，为了适应科技发展的需求，我们需对这些专业人才进行培养。

第三章 我国体育产业结构的优化与升级

体育产业结构优化是构建体育产业新发展格局的引擎，实现结构优化需要双管齐下：既要保证体育产业结构实现合理化目标，又要兼顾高级化发展方向。

第一节 体育产业结构的形成与影响因素分析

体育产业结构，是从产业结构延伸而来的一个概念。体育产业结构是指组成体育产业的各行业间的技术经济联系和数量比例关系，既反映了各行业之间在技术上相互依赖、相互制约的关系，也反映了各类体育资源在各行业的配置情况及区域分布情况。

一、体育产业结构形成的机制

体育产业的形成机制可概括为两种，即市场机制和政府机制。产业结构的变化是在市场价值和政府机制两者的作用下形成的。这两者作用的大小还有待进一步分析。不可否认，体育产业结构的发展变化是在这两种机制的共同作用下形成的，并受到多方面因素的影响。体育产业结构的形成和发展是由政府机制下的政府行为和市场机制下的市场行为共同影响的，具体如下。

（一）市场行为

经过多年的发展，我国逐步确立了中国特色社会主义市场经济体制。在市场经济体制下，各项经济活动的开展主要以市场为基础，市场在资源配置中发挥着基础性作用。各市场中的主体在市场中自由开展竞争。

市场供求和价格机制是促进体育产业结构优化的两个关键。在体育生产要素市场与体育产品市场中，通过对供求与竞争关系的协调来对体育资源进行配置，促进具有竞争力的体育产业快速发展。这不仅能够促进人们体育需求的满足，还能够促进体育市场运行效率的提高。

具体来看，市场行为具有如下几方面优势。

（1）市场对专业化生产持肯定态度，其以市价信息为基础发挥自身的作用，这一点要比政府的分配作用更占优势。

（2）以市价为基础而决出优胜者，这是对产出加以鼓励的最有效制度。

（3）市价没有避免组织涣散的、浪费的竞争准则，这是市场机制不可避免的弊端。

（二）政府行为

政府机制也是体育产业结构形成的重要机制因素。具体而言，政府具有宏观管理职能，对于各项经济活动进行宏观调控。政府通过相应的政策法规和经济杠杆来发挥相应的作用，促进体育产品和资源的供需变化。

在体育产业结构的优化过程中，政府以现有产业结构状况为依据来预测产业结构的变动，以经济发展的总目标为出发点，通过纵向等级层次将计划指令发给经济主体，以对部门间的供求格局进行调整。政府一般以整个国家为背景来对体育产业发展的方向、速度、规模及重点等进行确定，为国家体育产业的总体发展勾画大致的轮廓。

政府宏观调控的优势主要体现在以下两方面。

（1）政府的宏观调控影响深远，是针对全体社会成员的，并且以行政权力作为保障。

（2）政府拥有的强制力是其他经济组织所不具备的，有效的市场配置离开政府的干预就不可能实现。

二、体育产业结构形成的影响因素

（一）经济发展状况

体育产业是伴随着经济社会的不断发展而产生和发展的，经济发展因素对于体育产业结构具有重要影响。产业结构的发展与经济增长具有密切的联系，产业结构的优化能够促进经济的发展，经济的发展则可以进一步导致产业结构的优化。

体育产业结构的演进过程是建立在一定的经济基础之上的。具体而言，随着经济的发展，人们的生活水平不断提高，人们的消费观念发生了相应的变化，对于体育健身需求和精神文化生活的需求也在不断增长。

首先，体育作为人们的一项重要的社会需求，是在社会经济进步的基础上发展而来的。

其次，体育经济活动是在经济发展到一定的水平、人们的生活水平提高之后才出现的。经济的发展为人们参与体育运动提供了相应的物质基础。在国家层面，良好的经济发展水平为进行体育基础设施建设提供了相应的资金保障。同时，随着经济的发展，科学技术也在不断发展，这为体育产业的演进提供了重要的推动力。

（二）社会需求的变化

社会需求对于生产具有积极的促进作用，而社会生产则是为了满足社会需求。当需求出现变化时，必然会导致社会产业结构的变化。需求是推动生产的最为直接的动力，其结构的变化是产业结构变化和发展的重要推动力。具体而言，需求结构的变化对体育产业结构具有如下几方面的影响。

1. 体育需求结构的变化为体育产业结构的调整提供动力

需求结构处在不断的变化之中，表现为基本的生存需求→物质发展需求→精神方面的需求。消费者需求结构的变化对生产结构的变化具有重要的直接指引作用，需求结构的变动对于产业结构具有重要的拉动作用。

在市场经济条件下，有需求才会有生产，否则，这种生产将不能持续。对于体育产业结构而言，其产业结构主要表现为产业内部各行业之间的产值结构。因此，决定体育产业结构的因素主要是需求的变化和结构性的分布。需要决定了生产，需求产生之后，各种体育方面的资源会向新的需求方面倾斜，这样才能够产生更多的利润，从而导致产业结构的变化。

2. 体育需求结构决定着体育产业结构的进程和方向

心理学研究者认为，人们的需求驱动着人们的行为。人们的各种生产活动都可看作是人的一种社会行为，都是受到人们需求驱动而进行的。因此，体育产业结构的演进受到人们的需求的驱动。我们认为，人们的各项经济活动都是为了人们的某方面需求，当人们的需求发生变化时，产业结构也必须进行相应的调整，不然就会被市场淘汰。产业结构的变化必须遵循需求的变化规律。

随着经济社会的发展，人们的生活水平在逐步提高，在这一过程中，人们的需求不断得到满足，从而使得消费水平不断提高，并且逐渐向着多样化方向发展。人们对于体育需求的数量和种类的变化使得体育产业的种类更加多样化，并且体育产业的规模也会发生相应的变化。需求的变化使得一些新的产业逐渐形成和发展，而另一些产业则会逐渐停滞，甚至最终被淘汰。

总而言之，体育需求结构对于体育产业结构的影响模式表现如下：收入水平提高—体育消费需求产生—体育消费结构调整—体育需求结构改变—体育产业结构变动。体育需求结构的变化对于体育产业结构的影响模式大体如此。

3. 体育需求总量的规模制约着体育产业结构

体育需求在一定程度上影响着体育产业规模的大小。一般体育需求总量越大，则需要市场提供的体育产品和体育服务就会越多，体育产业的规模也就会越大。当市场需求较低时，很难产生一些新的产业。新的体育产业是在市场需求逐步发展的基础上出现的。

体育产业中的各部门应满足不同社会群体的体育消费需求，尽可能生产出更多的产品，形成合理的体育产业布局。人们的需求是处在不断发展中的，这就使得消费者的需求不会一直停留在固定的产品上，体育产品的市场容量会受到需求的限制，从而使得分工效率和企业内部经济效率的发挥受到限制。随着人们生活水平的提高，人们对体育产品的个性化需求也越来越突出，这就使得小批量、多品种的生产模式逐渐被推广。

体育需求总量在一定程度上影响着体育产业结构规模的大小，当需求总量增大时，也就意味着人们对于体育产品和服务的需求量越大，从而相应的体育产业规模也就会越大。同时，其还受到人均收入水平的影响。当人口数量增多，人均收入水平提高时，体育需求的总量就会得到发展，这使得体育产业结构规模得到扩大。

（三）资源的配置情况

在产品生产过程中，生产资料对其具有重要的影响。任何生产部门的发展都离不开一定的资源，资源是体育产业发展的重要基础。具体而言，相应的资源对于体育产业结构的影响如下。

1. 体育产业的发展要有大量的物质资本积累

学者们认为，一个国家产出总量的大小取决于资本存量的多少，产出增长的快慢取决于投资率的高低，如果投资越多，则其产出的增长就会越快。

当物资资本积累到一定的程度之后，才会促进体育场馆、场地设施的建设，体育产业的发展才会获得一定的物质基础。国家所提供的资金规模与人们的人均收入具有重要的关系，人均收入水平提高之后，才会积累更多的财富。随着人们生活水平的提高，才会有更多的时间和金钱去进行娱乐，发展自己的身体，才能够为体育产业的发展提供良好的外部环境。

2. 体育产业的发展需要有大量的相关人力资本的积累

人力资源对于产业结构具有重要的影响，具体而言，其主要表现在如下两方面。

其一，如果劳动力的素质较低，就会阻碍产业结构向更高阶段发展；反之，如果劳动力具备较高的素质，能够利用现代高新技术手段，则能够加快推动产业结构的优化升级。

其二，在体育产业发展过程中，高水平体育赛事的开展需要具备高水平的教练员和运动员，这是高水平赛事的基础。除此之外，开展高水平的赛事还需要具有相应的高素质经营管理人才。因此，体育产业的发展过程中需要雄厚的人力资源基础，并且这些人力资源是多方面的。

3. 体育产业的发展需要依托体育场馆设施

各项体育活动的开展大都需要借助于一定的体育场地和设施，体育场地设施是体育产业发展的重要依托。因此，体育产业的发展也在很大程度上受到体育场馆设施建设的影响。

体育场馆是体育活动开展的基础，也是体育产业发展的重要物质基础。没有充足的场地设施，人们体育需求的满足就会受到严重的影响。现阶段，场地设施资源不足是制约我国体育产业发展的重要原因。

（四）制度环境的影响

制度的变化是影响经济增长的重要因素，具有良好的制度环境能够促进经济的快速发展。我国特色社会主义市场经济体制对于经济的发展具有良好的促进作用。

经济制度可以看作是生产关系的总和，而生产关系是由生产力决定的，生产关系又反作用于生产力，通过生产关系的调整，能够促进生产力的发展。进行经济制度创新就是对生产关系进行的相应调整，从而促进生产力的发展，促进经济结构的演进。

经济体制是一种制度环境，是一定区域内制定并执行经济决策的各种机制的总和。经济发展过程中，不仅有科学基础的重要推动作用，制度和体制的革新对其也有重要的影响。不同的制度安排会对经济发展产生不同的影响，其影响或积极或消极。有的制度安排能够刺激科技创新，促进新技术的传播和发展，而有的制度安排作用却相反。

一个国家要想实现不断的经济增长，需要政府或经济组织保持良好的效率，这是产业结构发展的重要基础。通过进行制度方面的安排，能够形成相应的刺激，使得组织和个人的积极性能够得到充分地调动，从而促进经济的发展。

我国体育产业结构的变化是政府主导的制度变迁的重要过程。我国积极推动产业结构的优化升级，以促进经济的健康发展。通过对体育产业结构进行战略性调整和优化，能够实现我国体育产业的健康发展。

（五）科技创新的推动作用

产业结构的发展优化最终受到生产力发展水平的制约，而科学技术是第一生产力，是生产力系统的核心因素，是推动体育产业结构革新的根本动力。技术的进步不断催生了新的产品和行业，促进了产业的兴起和升级。科学技术的创新使得产业结构的各个方面都会受到相应的影响。具体而言，科技创新对体育产业结构的推动作用主要表现在以下几方面。

1. 创新影响需求结构，从而导致体育产业结构变化

科技创新与需求结构之间存在极强的互动关系，科技创新对产业结构的影响主要是以需求为媒介的。随着技术的进步，生产成本逐渐下降，产品的价格也会一定程度地下降，从而使得体育市场扩大，体育需求增大。在技术发展进步过程中，消费品升级换代，从而使得消费结构改变，体育产业结构受到影响。

2. 创新影响供给结构，导致体育产业结构的变化

科技创新会对供给结构产生相应的影响，这主要是因为技术创新使得新产品和新行业兴起，并且新的生产工具和生产材料逐渐应用，使得体育产业结构向着更高级的水平发展。

3. 创新影响体育产业的梯度转移

我国东西部经济发展具有一定的不平衡性。随着技术水平的不断发展，东部发展地区的产业结构不断升级，促使一些技术层次较低的

产业向中西部地区转移，从而使得产业结构的区域布局更加合理。

第二节　体育产业结构失衡的表现及升级动因

自改革开放以来，经过 40 多年的探索，我国体育产业从无到有，逐步兴起，规模不断扩大，初步形成了以体育健身服务业、体育竞赛表演业和体育用品业等为主要内容的体育市场框架体系。体育产业结构调整与升级的步伐明显加快，体育产业结构有了较大的改观，体育产业已成为国民经济新的增长点。但由于历史、体制、政策等诸多因素的制约，我国体育产业结构仍不尽合理，主要表现为核心产业滞后、区域结构趋同、关联效应不强、有效供需不足、产业附加值低、区域布局失衡、体育用品层次与标准化程度低等。分析体育产业结构演进中存在的问题及其原因是正确制定调整、优化我国体育产业结构对策的前提。

一、体育产业结构失衡的表现

体育产业作为第三产业的第三层次，因历史、体制、政策等诸因素的影响而发展不完善，在我国宏观经济中所占的比例较低，总体发展落后，对国民经济的贡献率不大。结构失衡主要表现在以下几方面。

（一）核心产业滞后

体育产业是一个由核心层、外围层及其他体育活动组成的有机整体，其中核心产业的发展是整个体育产业的火车头，带动相关产业与外围产业的发展。但目前我国体育产业核心产业发展没有形成支柱性优势，反而远远落后于相关产业的发展。体育用品制造业优势明显，体育竞技表演业和健身娱乐业发展缓慢。可以说，体育产业内部层次结构不协调。

另外，体育消费结构也可反映我国体育产业内部层次结构。体育消费包括参与型消费、观赏型消费和实物型消费。我国居民的参与型和观赏型消费明显低于体育实物消费。这也进一步反映了我国体育产业组织结构的不合理，体育产业核心产业滞后于外围及相关产业的发展。对比其他发达国家的体育消费结构，我国还存在很大差距，还须加快与国际体育消费市场的接轨。

（二）区域结构趋同

产业结构趋同是指发展水平不同且资源与要素禀赋差异大的各区域趋于形成大致相同的产业结构，各区域优势产业不突出，区域分工不明确的现象。体育产业地区结构趋同，区域间未能根据区域优势发展自己的优势产业，行业内部分布高度集中，体育企业缺乏规模效益，造成过度竞争。体育产业"小、同、散"的现象突出，结构层次较低，整体素质不高。这主要表现在地区间的产业同构现象严重，导致了资源、资金利用率低下，使产业结构优化升级没有足够的技术和物质基础。趋同的经济结构造成地区间相互攀比，追求自成体系，产业间恶性竞争不可避免，且呈现出愈演愈烈的趋势。地区间相互合作、相互支持、相互提升资源配置效率的能力差。目前，各省、市在体育产业发展规划中，也都把体育健身娱乐业和竞赛表演业作为未来重点发展产业，忽视了各地经济、文化、社会及自然条件等因素的影响。这不仅导致某些产业部门形成分散化、小型化和低效益的局面，而且，结构趋同还使产品市场供给迅速达到饱和，导致生产能力在短期产生过剩。

（三）关联效应不强

关联效应亦称"联系效应"或"连带效应"，是指某一产业投入产出关系的变动对其他产业投入产出水平的波及和影响。例如有 A、B、C 三个产业部门，当 B 产业扩张时，一方面诱发把 B 产业的产品作为中间产品的 C 产业的扩张，另一方面又诱发向 B 产业提供中间产品的 A 产业的扩张①。

---

① 俞宏光．中国体育产业结构优化与升级路径研究［M］．成都：西南财经大学出版社，2017：106．

中国目前的体育产业之间的相互依存、相互促进和相互补充的联系不紧密,体育产业内部各构成之间的关联度还比较低,各组成部分之间缺乏有机联系和协同合力。体育产业关联度低的一个显著表现,就是体育产业在项目建设上搞重复投资和一拥而上,造成资源浪费严重、竞争力低下。另外,体育产业各部门相互利用的产品较少,联系相当松散,一些部门近乎封闭发展。如国内的各项俱乐部联赛,仅带动体育广告业、体育信息业等几个部门的发展,对体育保险业、健身娱乐业等带动效应不大。而国外的一些著名赛事,如 NBA 篮球联赛、意甲联赛等,都大大带动了健身娱乐业、体育广告业、体育用品制造业、体育保险业等部门的发展,其关联水平较高。

(四) 有效供需不足

我国体育产业结构中存在问题的最主要的原因是,体育产业内在的、自源性的发展动力不足。即群众体育意识的薄弱,导致居民体育消费需求不旺盛,使体育核心产业过小,无力带动整个体育产业的健康发展。我国体育经济的发展现在进入了"后短缺"时期,其主要矛盾已由全面的供给短缺转向有效消费需求不足和供给结构失调并存。体育市场中的有效供给不足或是供给结构失调导致了体育产品的供给质量不高,造成结构性积压严重,反过来也造成了有效消费需求不足。有效消费需求不足已成为制约我国体育产业发展的主要因素。

体育产业发展过程中同时还存在有效供给不足,体育物质产品和体育服务产品结构单一,种类太少,难以满足不同消费群体多元化的消费需求的问题。近年来,竞赛表演市场,因观众欣赏水平的提高及供给质量的不高,观众的数量在不断减少,与联赛初期及当前国际市场上顶级赛事的火爆,形成了鲜明对比。"有效供需失衡"实质上是体育产业结构高度化与产业升级滞后于消费和发展要求的集中体现。

（五）产业附加值低

通常来说，在一个价值链中，产业链两头利润率很高，中间段的加工生产利润率很低。因此，在现代社会，技术是企业竞争力和国家综合实力的核心内容，而技术标准则是全球技术创新的制高点。中国正处于工业化中期阶段，拥有自主知识产权的技术很少，还没有形成独立的制造业核心技术体系，也就很难实现这些技术向体育产业领域的扩散。

中国体育产业处于价值链的低端位置，相对于国外发达国家的体育品牌，我国的体育品牌少，而且没有一个国际品牌，高层次的少、低层次的多，产品附加值低，长期以来处于来料加工的尴尬局面。目前，各大品牌逐步进军中国，在资金、技术、设计质量、科技含量、市场推广等方面占据绝对优势的情况下，我国企业没有承接到技术含量高、附加值高的产业链，使得体育产业结构难以实现高度化，也对我国体育品牌造成了极大的压力。这使得中国在垂直型的国际体育产业分工格局中，只能得到较少利益，大部分利益都被发达国家所享有。

（六）区域发展失衡

由于受经济、社会、资源等因素的制约，我国的社会呈现二元结构，城乡差距、东西差距十分明显。体育产业作为地方经济发展的组成部分，也呈现出明显的二元结构特征，在经济相对发达的东部沿海地区，体育产业相对发达，而在经济相对落后的中西部内陆地区，体育基础设施较落后，竞技体育与大众体育发展水平低下，体育产业尚未形成规模。我国体育市场出现了畸形发展的状况，中、西部的产业规模、产业水平、产业质量都远远落后于东部地区，使体育产业的结构性矛盾十分突出。体育产业是一个经营大众运动休闲文化的产业，体育的大众化、普及化、生活化、消费化是这一产业生存与发展的重要前提。而前提的缺失必然会造成发展在时间和空间上的不均衡。因此，体育产业在我国表现出的区域发展不平衡，是当前制约体育产业快速发展的一个重要原因。

二、中国体育产业结构失衡的原因分析

体育产业结构失衡，严重阻碍了体育经济效益的提高，人们越来越认识到"提高经济效益，离不开产业结构优化"。但事实上，体育产业结构调整的收效甚微，在对我国体育产业结构现状进行分析后，探究体育产业结构失衡的原因便成为优化我国体育产业结构的前提。除了体育产业结构调整本身具有长期性、渐进性等特点以外，以下是调整产业结构收效不大的症结所在。

（一）有效需求不足

有效需求是指有消费愿望，又有实际支付能力的需求。而体育市场中的有效需求，除了要有消费愿望、实际的支付能力，还必须具有必要的技能储备以及消费空间。也就是说，一个人的体育消费只有在有钱、有闲、有愿望、有技能、有消费空间五个要素都具备的条件下，才能真正发生或者说才能持续发生；否则，即使发生也只是偶尔的尝试性消费，而不是长期的、固定的、习惯性消费。从我国居民实际情况看，同时具备五要素的人群总量并不大，体育消费的有效需求并没有出现人们所期待的快速增长态势。

（二）管理体制障碍

在长期计划经济体制下形成的体育管理体制和运行机制，错误地把体育事业看成单纯的公益事业，走了一条与国情国力不相符的发展道路。国家把体育产业作为福利性的社会事业来办，只能由政府来提供和包办，排斥市场和经营，导致体育产品难以进入市场，体育领域的生产活动及生产要素处于垄断状态。体育市场的主体难以确定，市场处于封闭状态，因此形成了具有"刚性"的体育结构，不能及时生产出大众所需的体育产品，造成体育产品供给与需求的矛盾。体育公共产品的供给与维护并未形成良性的互补关系，而是存在着多种形态的扭曲及错位。这一方面造成了政府单一的供给能

力与人民群众不断增长的参与性健身需求矛盾日益突出的问题；另一方面也制约了各类体育市场的培育和发展。

政府体育主管部门的职能高度集中，办事过多，管理过少，单项运动协会、群众性体育社团的作用被淡化，社会办体育的热情受抑制。管理体制不顺，经营机制不活，对体育经营单位以单一的行政型管理为主；分散经营，各自为政，追求小而全，缺乏整体观念和规模效益，市场秩序混乱。这样的体制和机制安排是着眼于以满足政府需求为主，而不是着眼于满足大众多样化、个性化体育需求。这不利于体育产业的培育和发展，更不利于体育产业结构的优化。

（三）缺乏扶持政策

经济政策是加快经济发展的根本保证。市场主体的经济行为需要政策规范，生产要素的配置和重组需要政策导向，经营者的投资积极性需要政策调动。宏观上缺乏明确有力的体育产业发展规划和产业政策，即使有了产业发展规划和政策，也缺乏应有的配套政策和实践手段。由于市场机制很不完善，政府在制定产业政策时主要凭人的主观决断，即使决策者完全立足于社会整体与长远利益，也仍然存在着主观与客观相脱离的可能。在这种情况下，政府的优化选择能力并不可靠，从而导致资源配置不合理和产业结构非良性化和非优化以及调整困难。

体育产业作为朝阳产业需要政策的引导、扶持发展。尤其是在体育产业还未充分形成的情况下，需要政府引导、培育。同教育、文化等产业相比，体育产业在政策优惠方面却受到"冷遇"，缺乏对发展作为朝阳产业本应享受优惠扶持政策的体育产业的各种优惠政策。由于缺乏宽松的经济环境和条件，产业发展初期没有扶持保护政策，启动相当困难，这一发展态势使得投资回报率不高，影响了社会资本的投入。目前，体育企业不仅没有享受优惠政策，而且部分企业还实际上承担着过重的税费。

（四）政府过度干预

我国是直接从封建农耕经济改造建立起社会主义高度集中的计

划经济，再转变为社会主义市场经济体制的，我国的市场机制仍存在诸多不完善。我国的体育事业在各级政府的大力支持下取得了长足的发展，随着市场经济的发展，体育市场的经营活动必然要遵循市场规律去运作。目前，政府行为在推进体育产业良性发展的同时，也带来了一些负面影响。这表现在，政府部门仍不愿意放手让社会去办一些大型赛事，而是自己出面加以经营，从而影响了社会办体育的积极性，同时又给体育执法带来了一定的困难。政府体育主管部门的职能高度集中，办事过多，管理过少，单项运动协会、群众性体育社团的作用被淡化，社会办体育的热情受抑制。这样的体制和机制安排是着眼于以满足政府需求为主而不是满足大众多样化、个性化体育需求的体制，这不利于体育产业的培育和发展。在国际市场竞争日益激烈的今天，这也违背了体育产业市场化、产业化运作的规律。

（五）无形资产流失

体育无形资产是指存在于体育运动中的、具有体育特质、受特定主体控制、不具有实物形态、能持续地为所有者经营并带来经济效益的资产，其最显著的特点是不具有物质形态，包括了各级各类体育竞赛表演活动的举办权和经营权、注册商标特许经营权、吉祥物、广告、明星肖像权、纪念品、赞助和捐赠、电视转播权等[①]。这一市场在我国的开发仍处于低水平，存在大量空白地带。在开发运作上，与发达国家相比存在一定的差距，经营开发渠道单一和短期行为现象严重，导致我国体育无形资产大量流失。体育无形资产的市场开发，对应的经济活动多为处于体育产业核心地位的体育赛事活动，这一资源的流失影响了体育产业服务业的市场规模。

（六）商业运作水平不高

在体育产业发展的过程中，人才是极为关键的因素。一般情况

---

① 俞宏光.中国体育产业结构优化与升级路径研究［M］.成都：西南财经大学出版社，2017：118.

下，人力资源的数量决定着承接体育产业转移的规模，人力资源的素质决定着体育产业结构层次的高低。很长一段时间以来，受我国传统社会和经济体制的影响，我国没有重视体育经营管理人才的培养，致使缺少大量了解国际体育产业流程、开发体育商机的人才，尤其是缺乏中高级的体育经营管理人才。这对于我国体育产业的发展是非常不利的。很多运动项目管理者在管理上出现了许多漏洞，导致经营不善，国有资产流失。

目前，有相当一部分的体育经营者大都是退役运动员、教练员，他们拥有丰富的体育工作经验，但欠缺对体育市场的了解，无法准确把握体育产业发展的规律。这些半路出家的经营管理者，比较缺乏经济、法律等方面的知识，客观上限制了体育产业的发展。而专门从事体育的经营者对体育的了解甚少，缺乏横向联系，导致我国体育产业商业化水平低，这也成为制约我国体育产业发展的瓶颈和障碍。因此，要想促进我国体育产业的发展，就必须大力提高其商业化运作水平。

（七）投融资机制不完善

在市场经济发展条件下，筹集资金已成为我国体育事业发展的重要手段。但是目前由于我国投资机制的缺乏和投资政策的错位等原因，致使我国资本市场运作水平不高，投资机制比较单一。

很多投资者都面临着两个极端：投资于银行，收益太低；投资于证券，风险太高，这种状况不容乐观。因此，要想促进我国体育产业的发展就必须建立一个完善的投融资机制，确保体育产业的顺利发展。可见，中国体育产业结构演进并不是一个单纯的结构转化问题，而是与市场体制和政治体制改革等转型问题紧密相连的特殊的发展问题，中国体育产业结构的不合理，实质上是一个"体制转轨中的发展问题"。在转轨时期，无论是市场体系、政府职能，还是发展战略等方面都存在着不利于分工演进的制度问题，成为中国体育产业结构转型的深层次的隐患。

三、中国体育产业结构升级的动因

(一) 中国体育产业结构升级的背景

1. 中国产业结构升级的必要性

产业结构的调整与升级对经济发展起着关键的作用。改革开放以来，我国国民经济发展迅速，综合实力大增，产业结构发生了深刻的变化，促使体育产业结构也不断升级。在与时俱进的新时期，加快体育产业结构升级，是经济发展到一定阶段的客观要求，也是实践科学发展观的必然选择。经济发展的核心是产业结构的高级化，从根本上说，经济不断发展的过程，也是产业结构逐步优化升级的过程。中国之所以要进行产业结构升级，主要有以下原因。

(1) 产业结构升级是经济增长方式由粗放型向集约型转变的必要条件。

(2) 需求结构的转变迫使产业结构必须升级。

(3) 解决当前就业问题的需要。

(4) 国际贸易的发展需要迫使我国产业结构升级。

2. 中国体育产业结构升级的迫切性

产业结构的优化和升级，既是经济增长的客观要求，又是经济增长的必要条件。随着第三产业的迅速发展和居民消费需求的不断升级，体育产业作为第三产业中非常重要的一个新兴的产业，也是一个重要的新的经济增长点，是扩大内需的一个长远潜力产业。

经过改革开放 40 多年的发展，我国体育产业在我国经济结构中已经占据了重要的地位，对促进国民经济增长作出了重要贡献。体育产业所形成的经济已成为一股推动当前国民经济发展不可忽视的力量。但由于历史、体制、政策等诸多因素的制约，我国体育产业结构仍不尽合理，这已成为制约中国体育经济深入发展的重要因素，所以，体育产业结构的调整与升级刻不容缓、非常迫切。中国体育产业结构升级可以有效地实施体育产业的非均衡协调发展，引导高层次的体育消费，带动体育产业向高技术方向发展，进而推动体育产业结构的全面升级，促进中国产业结构优化。

（二）中国体育产业结构升级的原因

1. 中国需求结构的变动

经济增长意味着 GDP 的提高，也就意味着国民收入的提高，它会导致城乡居民的消费结构发生变化。消费需求结构的变化必然要求供给结构发生相应变化，从而进一步引起产业结构发生对应的变化。

在全面建成小康社会和构建和谐社会的新时期，体育消费也成了居民消费水平的一个重要的衡量指标。体育消费结构变化引致体育消费需求结构不断升级，与体育需求结构变动和升级相对应的必然是体育产业结构的变动和升级。

2. 技术创新的影响

技术创新过程是一种技术经济活动，是推动产业结构升级的重要条件之一。体育产业结构升级需要大力发展高新技术在体育中的应用：高新技术使运动器材更有效化，健身器材智能化、便利化，使体育场馆、运动设施的技术含量高，更具先进性、合理性，从而增加了观赏性，促进了竞赛表演业的快速发展；高新通信技术、高新信息技术在体育竞赛表演上的应用，极大地促进了体育传媒业、体育广告业、体育信息业等分支行业的产生与发展，丰富了体育产业的内容，扩大了体育的社会影响，有力地推动了中国体育产业结构的升级。

3. 区域与产业之间竞争加剧

我国体育产业虽然起步较晚，但发展很快，产业领域不断拓展，发展规模不断扩大，产业的质量不断改善，产业的效益明显提高。体育市场已形成了一定的规模，体育市场体系的基本框架已趋清晰。

我国体育市场逐步由过去的零星单一、主次不清的状况，向本体为主、层次分明、全面发展的模式推进。目前，我国体育市场结构的基本框架已清晰，即以竞赛表演市场、健身娱乐市场、体育无形资产市场、体育人才市场、体育咨询市场作为本体市场，带动相关体育市场、体育用品市场、体育彩票市场、广告市场、旅游市场等。这些都促使了体育产业在区域与产业之间的竞争加剧，也有力地推动了中国体育产业结构的升级。

第三节　体育产业结构优化与升级的路径及对策

一、体育产业结构优化升级的可选路径

体育产业结构发展中存在多方面的问题，具体而言，其表现为产业结构不合理和产业结构发展水平较低两方面。

产业结构不合理表现在供求结构不协调、关联关系不协调、增长速度不均衡、比例关系不均衡等方面。我国体育市场发展水平相对较低，体育资源配置过程中政府发挥了决定性的作用，供求结构不协调。体育产业内关联度不高，体育产业内部各细分产业之间没有形成共生关系，交易产业发展相对滞后。体育产业内不同细分产业的发展速度也存在一定的差异。体育产业内部比例也不均衡，一些产业部门比例过低。

产业结构发展水平较低表现为核心产业比例过小、产业组织规模小、产业内技术水平低。我国体育核心负误差也在整个体育产业内部比例非常低，对体育产业的发展贡献程度较小。体育产业中小规模企业较多，生产效率较低，效益低下，生产高技术含量和高附加值产品的体育企业较少。

体育产业结构全面优化升级路径如下。

第一，通过合理的制度安排，提高体育人口数量，培养体育消费习惯。

第二，深化体制改革，完善相关法律法规，促进体育核心产业、健身休闲业和竞赛表演业的良性发展，提高体育产业内部核心产业的比重，充分发挥核心产业的辐射作用；通过体制改革，实现产权明晰，市场配置体育资源，促进体育供给与需求结构的协调一致，

促进体育交易产业的发展，增强产业间的关联程度，提高交易效率。

第三，通过合理的产业空间布局，调动地方积极性，促进体育产业集群的形成，从而促进健身休闲业和竞赛表演业的发展，加快技术的进步，以提高体育产业交易效率。

第四，在体育需求和体育供给的双重作用下，扩大体育市场规模，并进一步增强交易效率，促进体育产业结构合理化和高度化，最后实现体育产业结构的全面优化升级。

二、推动我国体育产业结构优化升级的对策

从当前我国体育经济的发展情况出发，为了促进体育产业结构优化升级速度的加快，应有效整合体育产业核心资源，促进产业带动效应和后发优势的充分发挥，实施跨越式发展方案。通过采取多方面的措施来促进体育产业结构优化的全面实现。具体来说，我国体育产业结构的优化可以采取如下对策。

（一）克服陈旧观念的路径依赖，实现非正式制度创新

非正式制度即为人们在长期的社会交往中形成的，并得到社会认可的约定俗成的共同恪守的行为准则，在非正式制度中，意识形态处于核心地位①。良好的经济秩序不仅依赖完善的法律法规，还需要具有相应的非正式制度的约束作用。

在我国经济社会发展过程中，应积极进行非正式制度的创新，积极转变思想观念，为体育产业结构的优化升级发展扫清道路。体育产业是国民经济的重要部门，发展体育产业对于国民经济具有重要的促进作用。要想实现我国体育产业结构的优化创新，首先需要积极转变思想观念，重视体育运动在推动人们的身心健康发展方面的重要作用。同时，还应积极转变消费观念，促进体育消费的增加。

---

① 腾野.体育产业发展的理论与实证研究［M］.北京：中国华侨出版社，2021：99-100.

（二）对体育产业主导产业审慎选择

在体育产业发展过程中，政府应发挥其积极的引导作用，积极制定相应的政策，进行科学的规划和引导，积极进行监督，促进体育主导产业的审慎选择。一般将体育主导产业定位为健身娱乐业、竞赛表演业、体育培训业，政府要重点对这些产业的发展予以政策扶持，促进其快速发展。优化这些体育产业结构，可以使各个产业之间的发展产生密切的联系，使其互为基础、相互依托。通过发展这些主导产业，可以起到如下几方面的效果。首先，发展主导产业，能够拉动其他相关体育产业的发展，如体育用品制造业、销售业等，进而使体育主导产业的回顾效应得到充分的发挥。其次，发展主导产业，能够推动体育场馆经营、体育组织、体育传媒、体育彩票、体育中介的发展，进而促进体育主导产业前瞻效应的充分发挥。最后，发展主导产业，能够促进周边餐饮、会展、旅游、通信、房地产等行业的发展，进而促进体育主导产业旁侧效应的充分发挥。

作为体育产业的主导产业，体育竞赛表演、体育健身娱乐、体育技能培训不但扩散效应较强，而且结构转换效应也较为突出，能够相互依托、相互促进；另外，这些核心产业还能够发挥关联链式效应，对体育产业行业的整体发展产生一定的拉动效能。随着生活水平的提高，人们的健身意识与观念逐渐增强，对体育的需求也日益多元，并通过参与体育技能培训来对体育活动技能进行掌握，这就能够对体育健身娱乐业的发展起到一定的推动作用。人们在参与体育运动的过程中，也会关注一些自己喜欢项目的赛事，这又能够推动体育竞赛表演业的快速发展。同样的道理，人们关注自己喜欢项目的赛事后，对该项目的兴趣也更加提高了，而且产生了学习该项目技能的强烈要求，并通过参与技能培训来获得技能，这对体育技能培训业、体育健身娱乐业的发展同样具有积极的促进作用。

（三）大力促进体育主导产业的发展

1. 增加社会先行资本和投资率

为了使体育主导产业能够充分发挥自身的扩散效应，需要大幅度地进行社会先行改变，即为体育产业结构的升级积累一定的社会先行资本。要促进生产性投资率的提高，促进积累在国民收入中比例的提高，最好可以超过 10%①。体育主导产业之所以能够形成，其先导和基础就是投资，投资在体育产业结构优化中发挥着一定的导向功能。

发展体育产业，要依托体育公共产品和服务，因此政府要加大力度来建设体育产品与体育服务，通过对多元体育产品的提供，来促进有效供给的不断丰富，从而对有效需求进行激活，使大众消费需求得以满足。此外，还应以消费者的需求差别为依据来细分体育产品市场，并在此基础上对目标市场加以选择，进而对与体育目标顾客相适应的体育项目进行选择，对与目标顾客相适应的价格水平进行制定，以目标顾客的体育需求特征为依据来展开促销，从而优化体育产品结构。国家要对扩张性政策积极加以实行，并从总量上着手，对各类企业研发新产品进行鼓励，使其通过这一措施来促进体育需求的增加。

2. 确保市场需求的充足性

体育主导产业的形成与发展还需要依赖充足的市场需求。所以，要从增加体育消费着手来优化体育产业结构，在发展体育经济的过程中，要将扩大体育消费作为一个重要的拉动力量。应对体育发展战略进行大力调整，将群众体育与竞技体育的关系协调好，从政策与资金上大力扶持群众体育的发展，对健康的体育生活方式加以引导；促进与群众消费能力相适应的准经营性体育项目的大力发展，将公共场地和学校、企事业单位的体育设施有偿地向社会开放，对低成本的体育指导中心、健身俱乐部等进行建立。扩大市场需求具体从以下几方面着手：一是对各类体育市场积极开发；二是适应各类体育市场，对价格水平进行合理制定，积极开展促销活动；三是

---

① 喻丙梅. 现代体育产业的优化管理研究［M］. 北京：中国水利水电出版社，2017：96.

转变居民消费观念，对居民的体育消费观念与意识进行引导，加强对居民体育消费动机的激发。通过促进最终消费需求的增长来对中间需求进行拉动，从而有力地发展体育主导产业。

（四）积极推动多方面的改革

1. 进行配套经济体制改革

有效的体育产业政策对于体育产业结构优化有着积极的作用，是体育产业结构变动的外在动因。要扭转现阶段中国体育产业结构失衡的问题，需要政府部门为体育产业的发展创造良好的政策环境，通过制定优惠政策来鼓励与支持体育产业健康快速的发展。

我国政府应从如下几方面积极开展工作：首先，要加大对体育产业的政策支持力度，政府在落实和完善体育产业发展的现有政策的基础上，根据产业的发展情况随时出台新的政策及配套措施。其次，体育服务业发展滞后是中国体育产业结构失衡的主要体现。因此，要把促进体育服务业发展作为发展体育产业的首要任务，从政策方面采取切实的措施加以推进。再次，加大对体育产业的资金支持力度。政府应发挥示范效应，积极调动促进体育产业发展的引导资金，运用补助、贴息、参股等方式吸引社会资金投入。最后，加强体育产业的统计制度。具体的措施包括建立健全体育产业的统计制度和跟踪监测、预测分析制度，准确把握体育产业的发展走势，有利于发现和解决体育产业发展过程中的问题，以达到产业结构优化和升级的终极目标。

2. 管理体制改革

长期以来，我国注重竞技体育的发展，举国体制发挥了重要的作用。体育产业的管理也以政府为主体，从而形成了政企不分的状态。体育产业在发展过程中，都由政府进行管理和运营。随着经济的发展，社会力量参与体育运动的积极性被严重削弱，这一状况逐渐阻碍了体育产业的发展。

在体育产业发展过程中，要打破现有体制的束缚，进行管理体制的改革。现阶段，我国应尽快进行去行政化管理，将政府的管理上升为宏观管理，而将企业的具体运营管理交给社会，政府切实负责其引导和监督职能。只有这样，才能够进一步发挥社会主义市场经济体制在资源配置中的作用，为体育产业结构的优化提供良好的发展环境。总而言之，首先应明确政府的职责，明确政府和企业之间的分工，划分好相应的责任和义务关系，协调好相应的利益分配，促进体育产业的市场化运营与管理。

（五）　制定创新策略

制定创新策略主要从以下几方面着手进行。

首先，要想尽快实现体育产业结构的优化，就必须对新的科技加以运用，通过自主创新能力的提高来调整产业结构。在优化体育产业结构的过程中，技术进步是主要推动力和有力的技术保障，利用新科技，可以使产业结构性矛盾问题得到有效解决，可以促进体育产业结构的高度与合理发展。现阶段，我国在创造新科技时，需要促进投入总量的增加，对研发支出结构进行合理调整，促进科技研发资金使用率的提高。因此，我们要对扶持政策加以明确制定，大力实施品牌战略。对于大型体育企业，要鼓励其增加投入来研发新技术，从技术、产品及营销手段等方面实现全面的创新，促进我国体育用品业自主创新能力的提高。

其次，将价值链尽量拉长，开展创新性的服务，具体从产品设计、品牌销售、供应链管理、售后服务等方面着手，以促进产品附加价值的提高和盈利的增加。

再次，大力建设体育用品标准体系，积极推行体育产品质量监管和认证工作，促进我国体育产品在国际市场中竞争力的提高，对体育用品世界品牌进行全面打造。

最后，积极培养人才。我国体育产业的发展水平一定程度上取决于体育产业人力资源的数量与质量，因此我们需要对体育产业相关人才的培养重视起来，对与我国体育产业化发展需要相适应的高水平专业人才进行科学培养。

（六）对区域产业结构进行统筹优化

区域发展观是一种创新性的区域经济发展理论，能够为我国区域体育经济发展策略的科学制定提供一定的理论指导。从这一新型理论出发，在对我国区域体育产业结构进行调整与优化时，需要重点从以下几方面着手。

1. 发挥区域间互补的整体优势和综合比较优势

我国地域广袤，不同地区除了自然条件有很大的差异外，经济基础和体育发展也处于不同的水平。这就要求我们要以实际为依据，对区域体育产业结构进行合理的调整与规划，既要将不同区域的比较优势充分发挥出来，又要对各区域的竞争优势加以创造。具体从以下几方面着手。

首先，对各区域的优势资源进行充分的挖掘与利用，将地区优势资源与民族体育特点结合起来开发优势民族传统体育项目，对优先发展的产业部门进行合理选择，通过优先发展优势产业来对其他体育产业的发展产生积极的影响，对体育产业的特有品牌进行打造，促进优势互补、各具特色的区域体育经济的形成，促进各区域体育产业市场竞争实力的增强。

其次，重点在西部发展体育旅游业，充分利用体育旅游资源，推动体育旅游这一核心产业的发展，进而发挥主导产业的辐射效应。

最后，对中西部体育产业基地建设予以扶持，将中西部地区的体育资源充分利用起来，对体育产业布局进行合理规划，促进竞争合力的形成和体育产业的快速发展，使不同区域间体育产业发展水平的差异逐步缩小，实现协调发展的目标。

2. 加强统一开放、竞争有序的区域市场体系的建立

我国城乡之间、区域之间在经济方面存在着很大的差距，对统一市场进行分割的体制障碍、对市场要素自由流动进行制约的体制障碍等是造成这些差距产生的主要原因。所以，我们要继续加大体制改革力度，对科学有效的区域发展政策进行制定，将区域间的分割状态逐步打破，将地区壁垒彻底消除，促进大市场调节机制不断

完善。在对效率最大化原则加以遵循的基础上，使各种生产要素在市场信号的指导下自由流动于不同区域，实现资源的合理配置。只有如此，各地区体育产业的发展才能趋于协调。

3. 推动产业集群化发展

产业聚集是经济发展中的一种现象，是一种市场行为。通过进行产业集群化发展，能够实现体育产业之间的合作发展，实现体育交易成本的降低，实现规模经济效应。通过相应体育产业部门的相互合作，能够获得相应的竞争优势，促进产业竞争力的提升。因此，在体育产业发展过程中，应积极利用产业的集聚机制，积极促进体育产业集群的形成和发展，这对于现阶段我国体育产业的发展具有重要意义。

第四章　我国体育产业融合分析

经济全球化使我国的体育产业面临着日趋增加的竞争压力，一味地沿用传统的产业发展模式已无法满足体育产业的竞争需求，只有通过融合发展，我国的体育产业才能获得新的核心竞争力。本章主要对体育产业的融合发展进行总体介绍，包括体育产业融合的概念、特征和类型，我国体育产业融合态势，体育产业融合发展机制等内容。

第一节　体育产业融合概述

一、产业融合概述

（一）产业融合的演化

"融合"一词诞生于 1713 年，由英国学者威廉·德汉在谈论光线的汇聚与发散时提出，后来该词逐渐延伸至生物学、气象学、经济学等领域。在工业革命的背景下，随着生产力水平的提高和生产关系的变革，"融合"一词又产生了新的内涵，其中，在产业经济领域的信息通讯业表现得尤为明显。专家学者纷纷对此展开研究。

1977 年，巴冉和法博发表了《计算和通讯系统的融合》；1978年，尼葛洛庞帝用三个圆圈分别指代计算机业、出版印刷业和广播电影业，并指出三个圆圈的重叠部分将成为未来发展最快的新领域。

1980 年，威廉·帕雷在广播界的年会上对传播机制融合给广播界带来的新变化进行了详细阐述。1983 年，伊契尔·索勒·普尔在《自由的科技》一书中率先提出"传播形态聚合"的概念，并指出该概念的基本含义即电子技术将所有传播形态均融于同一大系统中。

1985 年，赛哈尔通过研究得出"技术范式的扩散有助于技术创新的实现，进而能够推动产业融合"的结论。

20 世纪 90 年代，"融合"作为一种产业经济现象开始备受重视，相关研究内容也逐渐丰富起来，包括技术渗透、产业整合、业务融合、企业融合、产业边界变化、产业竞争等。1997 年，欧洲委员会指出，产业融合是指产业联盟、技术网络平台与市场间的融合。Valikangas[①] 对产业融合作出如下界定：处于产业分离状态的两个或两个以上产业，受价值主张、技术、市场、服务、管制等因素的干预，导致产业边界逐渐收缩或消失，市场和服务趋于融合的产业现象。Hooper[②] 指出产业融合大致包含五个维度的内容，即网络融合、管制融合、企业融合、基础技术融合和设备融合。

产业融合是指由技术变革引发的对产业边界的重新界定，产业融合能够使传统产业获得创新，并延长产业的生命周期，同时使市场范围得到拓展。傅玉辉[③]指出，产业融合对新产业形态的形成起到了革命性作用，他从物质、结构、组织、制度四个层面对产业融合的类型进行了细分。

（二）产业融合的内涵

产业融合是伴随新技术变革而产生的新经济现象，相关学者对产业融合内涵的理解，大多是从技术融合、产业边界、产业整合、产业创新等角度展开的。

1. 技术融合角度

有关产业融合的研究成果最早出现在技术融合领域。早在 1963

---

① Choi D.，Valikangas L. Patterns of strategy innovation ［J］. European Management Journal，2001，19（4）：424-429.

② Richard Hooper. Convergence and Regulation ［R］. Melbourne：TIO Conference，2003：3.

③ 傅玉辉 . 大媒体产业：从媒介融合到产业融合 ［M］. 北京：中国广播电视出版社，2008：3-35.

年，罗森伯格[①]便将统一技术扩散至不同产业的现象命名为"技术融合"。Athreye 和 Keeble[②] 认为，技术融合是使不同的产业获得相同的知识和技术的过程，会对产品生产、市场竞争、价值创造等诸多方面产生十分明显的影响。

2. 产业边界角度

Greenstein[③] 指出，数字融合是产业融合的基础，为适应产业发展，产业边界逐渐收缩甚至消失的过程即产业融合。周振华[④]则认为，产业融合意味着复合经济效应和新型竞争协同关系的确立。Bally[⑤] 以数码相机、包装技术、保健食品、机械制造等领域为例，证明技术融合是一种无所不在的现象。

3. 产业整合角度

Stieghitz Nils[⑥] 从市场需求的角度对产业融合进行分析，认为产业融合的基础是产品，可分为替代性融合和互补性融合两种类型。尤弗亚从产品的角度，将产业融合视为"利用数字技术对原先的各类产品进行整合的过程"。

---

① Rosenberg N. Technological change in the machine tool industry：1840-1910 ［J］. The Journal of Economic History，1963，23：414-446.

② KeebleD. Industrial Location and Planning in the United Kingdom ［M］. London：Methuen，1976.

③ GreensteinS. and KhannaT. "What does industrial mean?" in Yoffie ed.，Competing in the age of digital convergence，U. S ［C］. The President and Fellows of Harvard Press，1997：201-226.

④ 周振华. 产业融合：产业发展及经济增长的新动力 ［J］. 中国工业经济，2003（4）：46-52.

⑤ Bally N. Deriving managerial implication s from technological convergence along the innovation process：a case study on the telecommunications industry ［R］. Swiss Federal Institute of Technology（ETH Zrich），2005.

⑥ Stieglitz Nils. Industry dynamics and types of market convergence：the Evolution of the Personal Digital Assistant Market in the 1990s and Beyond ［R］. Druid Summer Conference，2003.

4. 产业创新角度

厉无畏[①]认为，产业融合是指不同产业在经过交叉、渗透后逐渐融为一个整体，并形成一个新的产业的过程。聂子龙、李浩[②]指出，对传统产业和新兴产业进行融合的方式并非将不同产业机械相加，而应起到"1+1＞2"的作用，所生成的应该是一种具有独特性质的"化合物"（即"交叉产业"或"边缘产业"），而非简单的"混合物"。

（三）产业融合的类型

针对产业融合的分类问题，不同学者按照不同的分类标准，将产业融合分为不同的类型，目前认同度较高的几种观点见表 4-1。

表 4-1　有关"产业融合类型"的观点

学者	分类
格林斯腾、汉纳	替代性融合、互补性融合
胡汉辉	产业渗透、产业交叉、产业重组
明水佳	横向融合、纵向融合、混合融合
斯蒂格里特兹	技术替代性、技术互补性、产品替代性、产品互补性

资料来源：陈博. 多元视角下体育产业的融合发展研究［M］. 北京：中国经济出版社，2020：26.

在格林斯腾和汉纳的观点中，替代性融合是指两种技术之间的相互取代，互补性融合则是指两种技术共同产生的最终效果要优于分别使用两种技术所产生的效果之和。胡汉辉认为，经过融合的产业之间会形成新的竞争与合作关系，使原有的产业管制失去效力。明水佳指出，横向融合发生在市场关系存在部分重合的产业之间；纵向融合发生在供应企业或销售企业与生产企业之间；混合融合发生在没有直接投入—产出关系的产业之间。斯蒂格里特兹对技术融合和产品融合的区别作出如下界定：在供给方面，用同样的技术生

---

① 厉无畏. 创意产业与经济发展方式转变［J］. 社会科学研究，2012（6）：1-5.
② 聂子龙，李浩. 产业融合中的企业战略思考［J］. 软科学，2003（2）：80-83.

产不同的产品属于技术融合；在需求方面，用不同的技术提供替代品或互补品属于产品融合。

（四）产业融合的动力机制

波特认为，技术融合能够改变传统产业的边界，是产业融合的主要动力。Gary Hamel[①]认为，经济全球化的深入、新媒体技术的发展、政府管制的放松都在使产业边界变得模糊；Yoffie，DaVid[②]也通过研究证明，技术创新、政策管制等都有可能成为产业融合的动力。

针对产业融合的作用，植草益[③]表示，产业融合不仅能够加强各行业、各企业之间的竞争合作关系，还能为企业扩大规模、开辟市场、开发新产品等提供有利机遇，使企业格局发生新的变化。马健则认为，产业融合在改变了原有产业的产品特征、市场需求以及企业间的竞争合作关系的同时，还对产业界限进行了重新规划。

（五）产业融合的成长

产业成长理论可参考产业生命周期理论。所谓生命周期，是指每个产业都必须经历的从生长到衰退的演变过程，这一过程大致可分为初创、成长、成熟、衰退四个阶段。

产业生命周期理论最早形成于 20 世纪 50 年代，作为产业经济学的重要组成部分，其理论内容主要包括部分经济增长理论、对制度经济学的理论、波特竞争理论的观点等。我国学术界对产业成长理论的研究始于 20 世纪 90 年代初，主要包括产业成长的周期、模式、动力机制、环境与政策等内容。

---

① Gary Hamel，The Core Competence of the Corporation [J] . Harvard Business Review，1990.

② Yoffie，David B. Introduction：Chess and Competing in the age of Digital Convergence [M] . Boston. 1997：223-245.

③ ［日］植草益 . 信息通讯业的产业融合 [J] . 中国工业经济，2001（2）：24-27.

二、我国体育产业融合概述

（一）我国体育产业融合的概念

1. 体育产业的概念与分类

产业融合将产业内部或不同产业间边界收缩或消失后所形成的产业形态，作为区分其他产业演进范式的标准。因此，在开展体育产业研究之前，应首先对产业边界进行探讨和界定。

2006 年 5 月，体育产业统计研究的项目在我国正式启动，对体育产业的基本概念做出了一系列界定，这有利于体育产业统计工作的开展，对我国体育产业的战略布局具有重要意义。按照《体育及相关产业统计（2008）》，我国的体育产业可分为三个层次，其中，第一层次包含 8 个大类，第二层次包含 24 个种类，第三层次包括 45 个小类，具体见表 4-2。

表 4-2　体育及相关产业类别框架

体育产业业态	行业分类	小类个数
体育竞赛表演业	体育组织管理活动	4
	体育场馆管理活动	1
体育健身休闲业	体育健身娱乐活动	1
	其他娱乐活动	1
体育中介服务业	体育中介服务	3
体育用品业	体育用品、服装、鞋帽及相关体育产品制造	13
	体育用品、服装、鞋帽及相关体育产品销售	10
体育建筑业	体育场馆建筑业	3
其他体育服务业	其他体育服务	9

资料来源：陈博.多元视角下体育产业的融合发展研究［M］.北京：中国经济出版社，2020：28.

2. 重要问题辨析

在对体育产业融合进行进一步研究之前，必须首先厘清两个问题，以防出现理解上的分歧：一是融合与互动的区别和联系；二是体育产业的边界问题。

（1）融合与互动的区别和联系

体育产业的互动发展是指体育及相关产业间资源要素的交叉，本质是通过产品或服务的价值与功能互补来实现产业价值链的扩展，属于"互助式发展"。体育产业的融合发展是对生产关系的变革，能够使新的产业形态补充、代替原有的产业形态，其所涵盖的范围相对较广，既包括产业内部与产业间的互动、交叉式发展模式，也包括对生产要素的深层次整合。

综上，产业融合在发展初期一般会以产业互动的形式表现出来，等到互动发展至一定阶段，就必然会形成产业融合。

（2）体育产业的边界问题

无论哪个产业，人们都很难对其产业边界进行明确划分，但从整体来看，仍可从广义、狭义两个角度，对体育产业的边界做一个大致的界定。广义的体育产业边界划分应从体育产业的形态出发，将其分为竞赛表演业、健身休闲业、体育用品业、中介服务业、体育建筑业等。狭义的体育产业边界则应从体育产业的属性出发，以体育服务业为主体。总之，体育产业融合的本质就在于打破产业间或产业内部的行业壁垒，以实现产业要素的合理配置。

3. 体育产业融合的内涵

融合无处不在，既是对分离的市场间的汇总与合并，也有利于消除产业边界的进入壁垒。对现有研究成果进行总结后发现，体育产业的融合发展是一个动态的过程，体现了体育的本质，而产业融合的方式是由区域资源和区域产业结构决定的，技术创新、异质化竞争也能对产业融合起到一定的推动作用。体育产业融合经历了从技术融合、产品融合到市场融合的过程，最终目的在于形成具有多重产业属性的新兴产业。

综上，对体育产业融合的内涵可做出如下界定：体育产业融合是指基于技术创新、消费需求变动、政府干预等因素，对体育产业与其他产业所进行的产业要素相互交叉、渗透与重组的动态发展过程，目的在于使体育产业的原有边界发生模糊或收缩，以形成新型的产业形态。在这一过程中，体育产品的市场需求开始发生新的变化，同时也会形成新的竞争关系与合作关系。

（二）我国体育产业融合的特征

1. 需求主导性

产业融合的动力包括技术创新、管理更新、需求增加、管制放松等要素。在工业化时代，产业融合的实现主要依靠的是技术的进步与创新，对有关业务经营与产权合并的融合所涉不多。而随着信息时代的到来，通信技术的革新推动了传统三大产业——广播、电视、出版的逐渐融合，人们对体育消费的需求也开始发生变化，与技术创新的影响力相比，此时需求拓展所起到的作用更加明显。

通过研究体育产业融合发展的实践经验可知，当前推动体育产业融合的动力与源泉即个性化、差异化、高级化体育需求的不断增长，正是因为体育需求具有以上特点，政府和企业才会采取一系列创新措施，推动相关产业生产要素的整合，扩大产品的利润空间。

2. 价值延展性

在体育产业融合的过程中，体育产业链的有形资产关联主要表现为知识、功能、价值的关联，其实质是以知识分工、价值分工为基础，通过知识分工来为消费者创造价值。因此，要想实现体育产业在更大范围内的资源优化配置与重新整合，并促进生产要素的优化升级，就要促进体育产业价值的动态延展。企业只有深入开发体育产业深层次的多元价值，才能使新产品和新服务得到消费者的认可，进而占据更大的市场份额，从中获取高额利润。

随着世界经济联系的日益密切，市场竞争也在逐渐加剧，在生产要素重组的过程中，体育产业融合必须以消费者对体育市场的需求为中心，创造出与当代社会潮流相适应的产品与服务，引领市场需求，占据市场优势。

3．创新系统性

对产业融合的理解，可以从两方面进行：第一，从产业演化规律来看，产业融合的目的在于实现产业分工的内部化，即创新产业演化的发展范式，包括制度、组织、市场、产品等方面的创新。体育产业融合的关键在于立足于区域体育资源，借助各种创新条件和制度、组织、管理等方面的创新途径，同时依托政府的有力支持，促成不同产业资源要素的有机整合。第二，从产业自身发展规律来看，随着体育产业生长周期的不断演进，产业的结构与状态、企业的功能都会发生一定的改变，并形成新的竞争与合作关系。

产业自组织系统的本质是一种具有创新性的自适应能力演化系统，在复杂的演化过程中，该系统能够建立起自我秩序，使产业功能重获新生。如果产业自组织系统较为强大，体育产业就能获得较强的创新自适应能力，并不断提高自身素质。即使体育产业的发展不够成熟，产业自组织系统也不够完善，但只要在产业融合的过程中尽可能地培养学习创新、制度创新、组织创新等能力，同样能够推动新型产业形态的形成，并出现新的增长点。

4．规制协调性

由于我国体育产业的发展起步较晚，因此产业基础较为薄弱，还存在区域发展水平差异明显、产业组织不完善、产业结构不合理、产业产值偏低等问题。计划经济时期，受经济体制的制约，体育产业资源大多由政府部门垄断，导致体育产业发展的先天条件明显不足。当市场经济开始运作、市场条件逐渐完善时，管理体制也随之实现了变革，区域政府通过一系列产业政策，如财政政策、税收政策、法律政策等，引导企业实体积极参与体育产业融合，为体育产业融合提供了相对宽松的制度环境。

（三）我国体育产业融合的类型

从不同的角度对产业融合的类型进行划分，所得到的结果也是有差异的：以融合技术为依据，可将产业融合分为技术渗透型、技术互补型；以产品特性为依据，可将产业融合分为产品替代型、产品互补型；以产业发展方式为依据，可将产业融合分为产业交叉、产业渗透、产业重组。本书基于现有的研究成果，以体育产业的发展规律为立足点，从价值链的解构与重构出发，将我国的体育产业融合分为重组型、交叉型、综合型三种类型。

1. 重组型融合

重组型融合是指发生在体育产业内部各部门或各子产业之间的融合。由于体育产业资源大多集中在健身休闲业、竞赛表演业、用品制造业、中介服务业等行业，其他行业为占据更大的市场份额，要不断满足人们日益增长的个性化消费需求，就必须打破原有的产业边界，通过整合各子产业的内部要素，来构建新的产业价值链，促使新的经济增长点早日形成。

重组型融合的主体一般为大型的体育资本企业，这类企业大多能够及时、敏锐地捕捉到市场需求和行业动态，并借助资本储备的优势，对不同产业间的生产要素进行具有针对性、目的性的整合与升级，其最终目标在于提高产业内部资源配置效率，进而提升经济绩效。

2. 交叉型融合

交叉型融合是指发生在体育产业与其他相关产业之间的融合。体育产业资源能够通过交叉型融合与其他产业的生产要素形成联系，实现价值互补与功能延展，使原有的价值产业链被解构、行业壁垒被打破，重新构建出新的产业链和更高的行业壁垒。

交叉型融合的主体不仅包括体育类资本企业，还包括一些跨行业、跨区域的集团或国际性垄断企业。随着价值链的不断延伸，体育产业的业务领域逐渐扩大，消费结构进一步优化，产品与服务持续升级，这些企业能够使资源在更大范围内实现合理配置。

3. 综合型融合

综合型融合是指既包括体育产业内部融合，又包括其他相关产业间融合在内的更为复杂的融合方式。由于此类融合涉及产业数量众多，组织、技术、管理、制度等方面的深度也在不断增加，一般难以被轻易复制，因此其融合主体均为经济实力强大的国际性垄断企业或区域政府。

综合型融合主要用于大型体育赛事的承办。作为体育产业的核心组成部分，一场大型体育赛事的运作往往需要多个部门的共同参与和多个环节的同时进行，如媒体宣传、商业赞助、赛事推广、票务销售、特许产品经营等，每个环节又都会和旅游、通信、交通、中介、基础设施建设等相关行业产生联系，以充分满足体育赛事市场的高端需求。因此，体育赛事业在与其他行业进行合作、互动时，常常会主动走上综合型融合的发展道路。

第二节　体育产业融合态势分析

一、我国体育产业发展现状

（一）政策密集出台

近年来，我国政府高度重视体育工作，党中央、国务院在习近平新时代中国特色社会主义思想的指导下，出台了一系列政策文件，以扶持体育产业的发展，其中涵盖体育旅游、体育小镇、马拉松赛事等多个热点内容，为体育强国的建设奠定了良好的政策基础。政策文件的密集出台在为我国体育产业的发展营造良好政治环境的同时，也充分调动了社会各界的积极性，形成了政策驱动、部门联动、政府推动、社会资本与市场主体积极响应的发展新局面。

（二）规模持续扩大

作为我国政府重点扶持的朝阳产业，体育产业早已成为我国第三产业的重要组成部分，对挖掘消费潜力、保障和改善民生、培养经济增长新动能具有显著的促进作用。在国家政策和市场竞争的双重驱动下，我国体育产业的规模持续扩大（见表4-3），显示出体育产业在国民新兴产业中的巨大潜力。

表 4-3　　我国体育产业总规模及增加值情况

年份	总规模/亿元	增加值/亿元
2014	13574.1	4041.0
2015	17107.0	5494.4
2016	19011.3	6474.8
2017	21987.7	7811.0
2018	24000.0	8800.0

资料来源：中商情报网．"十四五"体育产业展望：2025 年体育产业总规模将突破 5 万亿元［EB/OL］．https：//baijiahao．baidu．com/s？ id ＝ 1648177482975036557&wfr ＝ spider&for＝pc，2019-10-23．

（三）结构逐渐优化

"互联网＋"作为一种新型经济形态，已成为多数传统行业在探索转型之路时的重要参考，体育产业自然也不例外。"互联网＋体育产业"是指借助互联网平台，利用大数据、云计算等技术手段，将传统的体育产业以互联网的思维方式转化为新型产业生态模式。

长期以来，体育用品制造业始终在我国体育产业结构中占据着主要地位，而随着"互联网＋"时代的到来，我国体育产业逐渐形成集体育用品、体育培训、体育电商、体育场馆、体育社交、体育传媒等于一体的多业态结构，并衍生出一系列体育产品和体育服务，这不仅加快了体育产业服务体系的优化升级，也推动了"互联网＋"背景下的体育产业生态圈初步形成。

（四）消费需求不断提升

2019 年 1 月 4 日，《进一步促进体育消费的行动计划（2019—2020 年）》提出"2020 年，全国体育消费总规模达到 1.5 万亿元，消费设施更加完善，消费服务更加丰富，消费政策更加健全[①]"的总

---

① 体育总局网站．关于印发《进一步促进体育消费的行动计划（2019—2020 年）》的通知［EB/OL］．http：//www．gov．cn/xinwen/2019-01/16/content _ 5358218．htm，2019-1-16．

体目标。

该目标的确立不仅意味着我国体育产业已迈入更高的发展阶段，同时也为体育消费水平与经济发展水平的协调发展指明了方向。由《中国体育消费市场综合分析》可知，我国人民的体育消费方式开始由实物型消费转向服务型消费和体验型消费，随着体育产业链的细分，人们的体育消费需求开始趋向多元化，对体育消费的依赖度也有所提升，这些都为体育产业新业态的发展带来了可贵的机遇。而以建设体育强国、推广全民健身为主题的国家政策，更为体育产业的发展奠定了坚实的群众基础。

二、我国体育产业融合的态势分析

（一）时代性

1. 改革与创新的时代主题

改革开放至今，我国发生了翻天覆地的变化，无论是国民经济的快速增长，还是人民生活的深刻变革，都展现了改革开放 40 余年来的成就。在具有中国特色、中国风格、中国气派的"中国梦"的指引下，中华民族锐意进取、改革创新，奏出了时代的最强音。

无论时代如何变迁，改革与创新都是亘古不变的时代主题。党的十九大要求党中央领导集体坚持对外开放的基本国策不动摇，在全面建设社会主义市场经济、民主政治、先进文化、生态文明的发展新时期，集中一切可以调动的积极因素，创新改革体制，推进改革成果。而体育产业作为我国经济的重要组成部分，自然也需要探索属于自己的改革创新之路，目前看来，与其他产业进行融合正是最适合体育产业的创新道路。

2. 体育产业的时代召唤

2008 年，北京奥运会的成功举办使体育产业开始逐渐取得市场认同。作为国民经济的重要组成部分，体育产业的发展进入了全新的历史格局，在经济全球化进程中也逐渐加强了融合趋势，主要体现在马拉松旅游、滑雪度假旅游、电子竞技运动、高尔夫城市地产等多项融合成果中。随着产业组织形式的不断演进，新产品与新服务在体育产业融合的过程中形成了新的核心竞争力。

发挥体育产业的辐射效应，推进产业融合进程，实现产业效益最大化，是体育产业创新发展的必要选择。要想促进体育产业的融合成长，就要按照产业演进的客观要求，运用先进的经营手段，突破产业界限，拓展绩效提升空间，优化资源要素配置。

（二）必要性

1. 现代产业发展的必然趋势

产业发展的演进包括产业分立和产业融合。亚当·斯密认为，分工能够创造财富，并带来规模报酬的递增，这一思想在漫长的工业化进程中具有重要意义。然而，第三次科技革命将人们带入知识经济时代，随着技术的不断创新，跨地区、跨行业的兼并、重组活动日益频繁，产业边界不断模糊，新型产业演进方式——产业融合如同一阵革命浪潮瞬间席卷整个世界。与产业分立相比，产业融合能够实现更高层次的产业分工内部化，推动产业的跨越式发展。

从产业融合的发展轨迹来看，广播电视、新闻出版等部门基于信息技术和互联网升级率先实现了产业融合，这也使最初的产业融合常常被等同于"电子信息产业"。尔后随着相关实践的逐渐丰富，产业融合开始渗透在金融业、服务业、教育业等多个领域，形成了全方位、多产业、大融合的趋势，这也是现代产业发展的必然趋势。因此，体育产业必然要顺应融合趋势，使产品与服务在与其他产业对接的过程中产生新的竞争优势。

2. 体育产业链整合的内在需求

产业链是指各产业部门以技术、经济为基础，按照一定逻辑所形成的链条式关系，该链条主要包括制造商、供应商、分销商和消费者。作为一个用以增加产品价值的活动过程，产业链包含了从原材料收集到消费品生成的全部阶段。传统产业链的关联主要表现在资产关联上，而体育产业链的关联则主要表现在知识、功能和价值上，其本质在于对知识和价值的分工，产品的生产联系和物质流动只是其外在表现形式。

体育产业作为一种横跨第二产业、第三产业的综合性产业，其系统构成十分复杂，大致可分为上游产业、中游产业、下游产业三个层次。体育产业分支门类众多，所涉范围极广，具有十分广阔的价值空间。随着市场需求的不断升级，体育产业链的环节发生了一定变化，产业价值和利润也通过价值链实现了转移。随着转移范围的扩大，产业链的竞争优势将更多依赖于产业链各环节的系统协同，并建立在更多种类的资源和能力上，最终推动产业的蜕变式发展。

（三）可行性

1. 国外体育产业的经验启示

发达国家的体育产业之所以能够获得良性发展，与其国民所遵循的积极、健康的生活方式密不可分。在国外，体育产业属于生活方式产业中的一种，以健身休闲、竞赛表演、用品的制造与销售为主营业务，同时凭借自身的带动能力，促进了旅游、建筑、通信、出版、动漫等产业的协同发展，共同创造出巨大的社会财富。

从相关研究成果来看，融合发展是国外体育产业能够不断壮大的最主要动力，从业务、市场、管理各方面展开互动与融合，实现资本要素的重组与聚合，有利于体育产业在激烈的市场竞争中保持竞争优势。

2. 体育产业关联特性的诉求

无论在哪种经济活动中，一个产业都需要其他产业为自己源源不断地提供产出以维持生产要素供给，同时该产业也会将自己的产出以市场需求的形式提供给其他产业用于消费。这种复杂的供求关系叫作"产业关联"，即各产业在社会活动中存在的经济、技术等方面的联系。以产业链的供求关系为依据，可将产业关联分为前向关联、后向关联、环向关联三种类型。一般情况下，产业关联方式的选择由产业自身的特性决定。

作为体育产业的核心，体育赛事所提供的产品与服务具有较强的垄断性和稀缺性，并且容易产生强烈的社会聚焦效应（如奥运会、亚运会、世界杯、世锦赛等），因此，与大型体育赛事相关的产业及部门所涉范围十分广泛。

3. 投融资环境的优化

投融资环境是指对投融资活动产生影响的外部条件的总和。一般情况下，投资主体在对投融资活动进行选择时，会优先考虑社会环境、经济环境、自然环境等因素。

自 2008 年北京成功举办奥运会以来，我国的经济、政治、文化均获得了显著的发展与繁荣，体育产业的投融资环境发生了巨大的改变，体育产业迎来了重大发展机遇。奥运会在带来大量市场需求、培养庞大消费群体的同时，也对我国体育政策的进一步完善提出了新的要求。我国的相关产业部门严格按照国际规则行事，主动汲取发达国家的体育产业发展经验，即根据社会环境的变化来不断调整体育投融资体制，以保证体制的创新性，并逐步完善体育产业的投融资环境。

第三节　体育产业融合的机制与效应

一、我国体育产业融合的动力系统

体育产业融合的动力系统主要由产业演进规律、技术进步与创新、高级化的消费需求、企业竞争与协同、政策导向等共同构成。

（一）产业演进规律

随着历史的不断演进，产业结构从低级水平向高级水平不断发展，由第一产业占优势向第二、第三产业占优势逐渐过渡。20 世纪中期，信息技术革命拉开了知识经济时代的序幕，不仅引发了新的产业革命，还促进了产业结构的全方位调整。产业结构的不断升级逐渐模糊了三大产业的边界，产业融合成为历史发展的必然趋势。

在经济发展过程中，体育产业凭借自身的潜力与价值，成为国民经济新的经济增长点，以及推动其他产业发展的主要力量。体育产品的非物质性和非储存性决定了体育产业必须依靠其他产业实现保值、增值，体育产品生产与消费的同时性则决定了其生产活动离不开其他产业所提供的支持，总之，基于个性化发展的体育产品需求要求体育产业必须加快融合发展的步伐。

（二）技术进步与创新

所谓技术创新，是指企业运用新知识、新技术、新工艺和新的生产经营管理模式，以提高产品质量、开发新型产品、提供创新服务、实现市场价值为目的的活动。在不同的社会发展阶段，起着主导作用的经济增长要素也不尽相同。在手工业经济时代，工匠的劳动能够驱动经济增长；在工业经济时代，经济发展由以机器制造为特征的资本推动；在工业化发展的高级阶段，科技含量成为驱动经济增长的主要因素。实践证明，技术创新是一种直接的、现实的生产力，不仅能够提高经济活动效率、降低经济活动成本，还能推动生产与服务的先进化、模块化。

技术融合作为体育产业融合的动力之一，能够为不同产业奠定共同的技术基础，最终推动产业融合的形成。对体育信息新业态而言，技术创新就是促使体育信息融合成长的最直接动力。

（三）高级化的消费需求

随着社会经济的不断发展，人们的收入水平也有了显著的提高，消费需求开始逐渐由低层次转向高层次，即由必需品、易耗品转向高档品、耐用品。消费经济学认为，人类的需求结构可大致分为三个层次：第一层次以生理需求为主，主要解决的是人们的温饱问题；第二层次以对便利与技能的需求为主；第三层次则以对个性与时尚的需求为主。显然，体育活动应属于第三层次，其具备的强健体魄、陶冶情操、锻炼智力等功能是人们参加体育活动的最主要原因。

随着新材料、新技术、新能源对体育产业的渗透，个性化、时尚化、科技含量高逐渐成为体育产品和体育服务的新标签，并推动了体育产业内部资源要素的优化配置，使产业价值链得以解构与重构。体育用品业作为一种发展最早也最成熟的体育类行业，新材料、新技术在其设计、制造过程中的应用，所起到的作用是最明显的。

（四）企业竞争与协同

随着市场竞争的日益激烈，体育企业为获得竞争优势，占据更大的市场份额，纷纷通过对技术手段和管理政策的革新，来推动多元化经营的发展，使资源能够在更大范围内得到优化配置，进而为融合而生的产品与服务提供更加强大的生命力和更加鲜明的竞争优势。

（五）政策导向

20 世纪 90 年代，西方发达国家为了让本国企业在全球化竞争中获得更大的竞争优势，通过对经济管理制度进行改革，减少产业在价格进入、融资投资等方面所受的束缚，为产业融合创造了宽松的政策、制度环境。尤其是发达国家对垄断行业放松管制的行为，更是降低或消除了产业间的进入壁垒，使不同产业实现了合作、兼并与重组，带来了生产成本与市场规模的明显变化。

在体育产业融合发展的过程中，政府主要负责引导产业政策以及维持产业利益协调机制的运行。我国体育产业新业态产生和发展的推动力，除了来自体育企业对利益的追求，也离不开区域政府宏观上的引导与制约。政府借助一定的政策手段，对产业分工的协同发展进行引导，优化资源在空间范围内的合理配置，同时建立产业规划与实现机制，以发挥区域产业的比较优势。以体育与旅游的融合为例，政府所发挥的政策导向作用主要体现在以下几个方面。

（1）激励导向政策。政府通过税收、价格等政策，激励体育企业的创新发展，提升产业合作的深度与广度，以保障体育企业的利益。

（2）保障政策体系。政府以区域优势资源为基础，保障体育旅游融合所需的产品与服务供给。

（3）协调政策管理。在体育旅游的发展过程中，政府能够利用自身职能，对各级行政管理部门在交通、通信、环保、市政、医疗等方面的利益协调进行宏观上的引导与把握。

二、体育产业融合的演进过程

体育产业融合的实现不可能一蹴而就，而需在多种因素的共同作用下，经历一个包括技术融合、市场融合、制度融合、业务融合等在内的阶段性动态发展过程，才能将体育产业融合真正落到实处。

（一）技术融合

随着科学技术的发展，以精准、专业、便捷为主要特征的新型体育资讯服务开始占据体育传媒市场中的主导地位，并向传统体育媒介提出了新的要求。媒体融合时代，数字传播技术与电子通信设备的广泛应用，有利于收集、整合不同类型的体育信息，实现有效的立体化传播，使体育产业与传媒产业在融合发展的过程中实现技术领域的对接与重组。

（二）市场融合

体育产业和传媒产业分属体育部门和文化部门，两者在市场管制、行业准入、税收政策、管理规范等方面均存在一定规制政策上的差异。在市场经济制度建立初期，体育产业和传媒产业的业务范围、市场格局、产品形态间的区分度十分明显。但随着市场经济的迅速发展，以个性化、差异化、高级化为特征的市场需求不断升级，市场组织结构随之调整，两类产业分别实现了最大限度的突破性成长。

（三）制度融合

由于我国仍将长期处于市场经济发展的变革时期，市场机制的作用很难在产业资源的市场流通中得到充分的发挥，因此，在市场机制尚不健全的现实条件下，推进制度融合是政府为可能发生的市场失灵行为做出的可控应对。一方面，政府通过制定并实施相关政策制度，尽可能减轻体育产业融合中的不确定性，为体育产业的发展扫除障碍，有效地降低并控制风险；另一方面，制度融合有利于实现政府对各方利益的平衡与制约，维护不同产业利益机制的协调发展。

（四）业务融合

1984 年，电视转播权和商业赞助首次被引入奥运会，自此，电视转播成为世界各大体育赛事的主要传播方式。体育赛事通过电视转播扩大影响，继而获得更高级别的赞助，与此同时，观众对体育赛事的转播提出了清晰、及时的要求，以互动性、跨时空性、个性化等为特征的新媒体开始纷纷涌现，进一步推动了体育产业与传统产业的相互融合、共同发展。在这个动态发展的过程中，两者的业务范围与业务能力实现了前所未有的交互与统一。

三、体育产业融合的实现路径

从体育产业的体系与结构来看，体育产业是一种综合性强、关联度高的复合型产业，与新闻传播、文化教育、艺术、商业等产业部门均存在一定联系，其发展程度也与经济水平、产业资源、政策导向等因素密切相关，任何差异化的自然、社会、环境条件都会影响体育产业融合的进度。

总体来说，体育产业融合的类型包括重组型、交叉型、综合型三种，而产业融合的过程又可分为价值链分解和价值链重构两个阶段，因此，下面将从产业价值链的角度出发，根据体育产业融合的表现特征，对体育产业融合的实现机制展开具体研究。

（一）重组型体育产业融合的价值链解构与重构

重组型体育产业融合的主体一般为体育产业内部的各子产业部门，如竞赛表演业、健身休闲业、中介服务业、用品制造业等。当这些产业中的原有价值链围绕不断变化的消费者需求进行重新整合后，新的产业链得以建立，具有新价值与新功能的各产业子系统形成创新型组合。

以赛事主题彩票为例，这类彩票就是将体育博彩业中的彩票设计、彩票制作、彩票发行等环节与竞赛表演业中的赛事组织、赛事招商等环节结合所形成的融合新产品。

（二）交叉型体育产业融合的价值链解构与重构

交叉型体育产业融合的价值链解构与重构是指在市场机制的作用下，体育产业及相关产业（如旅游、电子、传媒、文化等）中的价值核心部分被挑选出来后，从原有的产业价值链中剥离，进行交叉和重组，重新构建一条具有竞争力的产业价值链。例如，在体育赛事与旅游的融合过程中，体育赛事被嵌入旅游产业的原有价值链中，使旅游产品呈现全新的价值体系，大大提升了产业价值空间。

（三）综合型体育产业融合的价值链解构与重构

在综合型体育产业融合中，体育产业内部的子系统必须要和其他产业联合起来，共同满足市场需求，借助新技术、新知识创造新的价值，构建新的生产链。由于综合型体育产业所涉因素较多，因此在发展过程中也会呈现更大的"破坏力"。

四、我国体育产业融合的一般模式

在体育产业融合的过程中，以主导因素为依据，可将体育产业融合分为技术渗透式、功能复合式、市场共拓式、资源共享式四种类型。

（一）技术渗透式融合

技术渗透式融合是指以新技术为载体，通过对体育产业价值链进行重构创造出新的产品与服务的融合发展模式。这种类型的融合常出现在交叉型体育产业融合的过程中，目的在于实现生产方式的变革，推动组织结构优化升级。

以体育彩票为例，从我国体育彩票业包括设计、制作、发行、销售等流程在内的价值形成过程来看，体育彩票业之所以能够获得长久不衰的发展，正是因为其与电子科技之间的相互融合。体育彩票移动终端的出现使彩票的经营活动逐渐脱离了时间和空间的限制，消费者可通过多种新媒体载体，自行完成体育彩票购买的整个流程。得益于信息技术的支持，我国体育彩票业的产业结构呈现出了新的发展格局。

（二）功能复合式融合

功能复合式融合是指对具有互补性的不同产业进行重组，以拓展产业价值的融合发展模式。以体育与旅游的融合为例，在体验经济时代，产品的个性化、参与性是体育旅游融合的竞争优势所在，冰雪旅游作为功能复合式融合的代表，能够同时满足消费者对旅游观光和参加滑雪运动的双重需求，并赋予消费者参与性、挑战性合二为一的体验，因此能够从同类市场竞争中脱颖而出，获得巨大的市场空间和经济效益。

（三）市场共拓式融合

市场共拓式融合是指各大产业为获取更大的利润空间，与其他产业进行交叉与重组，以共同开辟新市场的融合发展模式。市场共拓式融合的典型代表为高尔夫地产业。

高尔夫企业对市场的开发，通常是与周边高档住宅区的配套设施建设共同完成的，在规划用地、建造设施、提供一流服务的过程中，高尔夫地产业不仅提升了周边社区的住宅品位，而且为社会居民身体素质的提高提供了条件。可以说，高尔夫企业与房地产开发商在市场开发过程中实现了互利共赢。

（四）资源共享式融合

资源共享式融合是指不同产业以资源共享为依托，通过产业的交叉、渗透与重组，形成产业新形态的融合模式。在体育文化产业领域，文化产业以体育资源为载体，体育产业以文化资源为依托，两者共同创造体育文化产业的融合产品及服务。

五、体育产业融合的效应

体育产业融合对体育产业的价值创造、企业间的竞争合作、组织管理和资源配置等均起到了一定的作用。从微观上看，体育产业融合的实质在于利用体育产业的多项功能，拓展体育产业的绩效空间，以创造出新的经济增长点。从宏观上看，体育产业融合能够实现产业内部与不同产业间资源要素的整合，必将对更大范围内的区域经济发展产生影响。下面将从对体育产业的影响和对区域经济的影响两个层面，对体育产业融合所产生的效应进行研究。

（一）体育产业成长层面

1. 实现体育产业功能多元化

体育产业功能多元化是指体育产业除了具有提供体育用品及服务的作用，还会在经济、文化、政治等领域体现出自身的产业价值，发挥经济功能、文化功能、社会功能、教育功能等。体育产业功能多元化的体现主要依托于体育产业系统的完善，而体育产业系统的完善又需通过体育产业体系的横向扩展与纵向深化来共同促成。

体育产业体系的横向扩展是指体育产业与其他产业在产品、市场、服务等方面进行融合的过程。信息技术、新型材料等对体育产业的渗透，促使体育产业不断朝着文化、教育等相关领域延伸，并催生出新的产业形态。

体育产业体系的纵向深化是指体育产业在传统分工的基础上，对产业内部的业务、市场进行交叉和重组，以形成新的产业分工，实现对体育产业价值的深度挖掘。

2. 拓展体育产业绩效空间

促进体育产业融合是提高体育产业绩效的重要途径。受多样化需求、新技术应用等因素的影响，体育产业生产要素得以在更大范围内自由流动、自主配置，随着行业壁垒被不断打破，企业原有的交易成本也在持续降低，产业部门间的生产效率得到快速提升，体育产业的技术水平和价值创造能力均有明显进步。

从产业链的角度来看，体育产业融合将原先分立的两个或多个内部行业融合形成一条新的产业价值链，且这条产业链的价值表现不再是"1+1=2"。实践证明，融合后的产品与服务通过经济溢出效应，能够使企业获得更高的附加值和更大的利润空间，实现"1+1=2+X"的跨越式突破。

3. 推进体育产业创新发展

创新是引领发展的第一动力，也是体育产业在市场竞争中保持生命力的唯一途径，体育产业融合的本质即促进体育产业的创新发展。制约体育产业创新发展的因素主要有技术要素、资本要素、人才要素和外部要素，其中，技术要素是推动产业融合的根本动力，技术创新一般通过产品或服务的价值升级表现出来，而必要的资本要素加上一定的组织资源优势，则为体育产业在要素整合中创造新的价值提供了条件。

（二）区域产业发展层面

1. 促进区域产业结构升级

区域产业结构的不断变动是市场经济增长模式的核心特征，而产业间的竞争优势将通过资源配置的不断优化表现出来。区域产业结构升级的本质即资源从低效益向高效益转移，这一目标的实现离不开科技的进步和资本的积累。体育产业融合是一个立足于资源条件、市场条件、经济发展水平，通过体育产业内外部的交叉与重组，实现市场竞争与协同的过程。在新技术的支持和新需求的作用下，新的产业价值链不断形成，传统的生产服务方式不断改进，区域产业结构科学化进程明显加快。

2. 推进区域经济一体化

对体育产业融合而言，区域是指具有经济相似性和资源互补性的不同地区。总体来说，体育产业融合有助于促进区域经济的协调发展，同时也因其涉及产业范围较广，而对区域产业的分工与协作提出了新的要求。

从市场层面来看，体育产业融合重新整合了体育资源，新技术的渗透更加模糊了产业边界，新产品、新服务为体育产业的发展带来了新的竞争优势，为寻求更大的利润空间，体育企业开始不断降低区域壁垒。

从制度层面来看，随着体育产业融合程度的不断加深，资源的自由流通、企业的跨地区合作都将成为常态，区域政府只有打破体制束缚，加快对区域经济制度的改革与创新，为扩大区域市场创造良好的外部条件，才能更好地服务于区域经济一体化的发展。

3. 构建区域营销新路径

区域形象是打造区域品牌的基础。良好的区域形象如同区域的"包装"，不仅有助于提高区域知名度，扩大对外影响力，更能在激烈的市场竞争中为区域产品创造出显著的营销优势。各区域只有对资源进行优化整合，形成独特的区域风格，才能满足投资者和消费者的需求。作为产业发展的一种创新模式，体育产业融合以其强烈的聚焦效应，在特色经济的发展过程中，对区域形象的建立和宣传起到了重要作用。

第五章　我国体育产业与其他产业的跨界融合发展

体育产业的跨界融合则是由体育产业的新需求驱动，以现有产业资源和其他产业经过相互渗透、融合，实现体育产业价值链的延伸或突破。随着体育文化逐步深入人心，体育产业结构逐渐多元化，体育行业与其他行业的融合也成了新的趋势，体育与旅游、文化、商业、科技等融合发展是必然之路。体育产业与其他产业发生交集时，形成优势互补，既找准自己发展定位，又解决其他行业的痛点。

第一节　体育产业与旅游产业的跨界融合发展

随着社会经济的快速发展，人们的生活水平和可支配收入有了明显的提高，对精神文化方面的追求越来越高，而旅游产业所具有的修养身心、强身健体等功能，很好地满足了人们的需求，这使得旅游产业在人们的生活中所扮演的角色越来越重要。另外，旅游产业的快速发展也带动了其他产业，诸如餐饮服务业、建筑业等的发展，这为国民经济的发展提供了强有力的支持。随着旅游产业的不断深化与发展，其在国民经济中的作用将会越来越明显，地位也会越来越高。因此，体育产业与旅游产业的融合发展具有重要意义，不仅能够推动两大产业的发展，而且能够带动相关产业的发展。

一、体育产业与旅游产业的融合趋势

从国内外体育产业与旅游产业的发展历史中我们可以发现，体育产业与旅游产业并不是处于彼此独立的发展态势，而是在一定程度上呈现相互融合的趋势。体育产业与旅游产业的这种融合趋势主

要表现在三个方面，分别是时间维度上的共生发展、空间维度上的紧密相连以及速度上的相互牵引。

（一）时间维度上的共生发展

从时间维度上讲，体育产业与旅游产业的融合与近代欧洲旅游的出现时间大致相同。不过当时只是体育与旅游的简单结合，还没有体育产业这一说法。

19世纪50年代末，英国出现了为登山爱好者提供登山和旅游服务的登山俱乐部；1883年，挪威等国家出现了为旅游者提供滑雪和旅游服务的滑雪俱乐部；1885年，英国人成立了野营俱乐部……这些现象的出现，不仅推动了旅游产业的快速发展，而且为体育产业的萌发创造了一个良好的机会。

20世纪二三十年代，在欧美的一些发达国家，体育产业开始形成和发展，为旅游产业的进一步发展注入了新的活力。比如，1984年的美国洛杉矶奥运会，它不仅是体育产业发展中大型赛事运作的一个典范，而且是体育产业与旅游产业融合的成功案例。大型赛事的举办为旅游目的地增添了新的内容，而成熟的旅游业则在交通、住宿等方面为赛事的举办提供了完善的服务，这使得体育产业与旅游产业逐渐地融合在一起。所以，体育产业与旅游产业在时间维度上是共生发展的。

（二）空间维度上的紧密相连

从空间维度上讲，体育产业与旅游产业在地理位置方面也存在融合的现象。体育产业中的很多体育场馆都成了旅游景点，比如2008年北京奥运会后留存下来的体育场馆"鸟巢"和"水立方"，当下已经成为北京的著名旅游景点，而2022年北京冬奥会的首钢滑雪大跳台也变为热门打卡地。此外，如高尔夫球场等，通常都会建在一个自然环境相对优美的地方，这样就能够使参与者不仅可以进行体育锻炼活动，而且可以进行旅游观光活动。体育产业与旅游产业的融合，不仅仅是简单的物理相聚，而且还具有紧密的内在联系，甚至可以说，它们是处在同一个产业链条上的。所以，体育产业与旅游产业在空间维度上是紧密相连的。

（三）速度上的相互牵引

从速度上讲，体育产业与旅游产业是随着社会经济的发展携手并进的。旅游产业的发展能够推动国民经济的增长，国民经济的发展又能够带动体育产业的发展，两者在速度上保持着协调统一。需要注意的是，在某些情况下，如自然灾害、社会动荡等，体育产业与旅游产业的发展可能会出现不协调的发展现象，但这只是暂时的，从长远与整体来看，两者的发展速度还是一致的。

二、体育产业与旅游产业的融合分析

（一）体育产业与旅游产业融合的内容分析

体育产业与旅游产业的融合主要包括六个方面的内容，分别是技术融合、产品融合、组织融合、市场融合、资本融合、政策融合[①]。

1. 技术融合

技术融合是体育产业与旅游产业融合的基础。一般来说，技术创新能够在一定程度上使产业之间的界限发生一定改变，并出现融合的现象。对体育产业和旅游产业而言，随着现代技术知识的不断传播，体育产业与旅游产业中的技术逐渐实现了融合，而这种技术的融合又在很大程度上打破了体育产业与旅游产业之间的界限，当两者之间的界限逐渐模糊后，新的市场空间也会逐渐形成。

2. 产品融合

产品融合是体育产业与旅游产业融合的核心。在体育资源中，大型体育赛事、体育场馆等都可以为体育产业的发展提供强大的动力。对这些体育资源进行有效开发，有助于使它们成为旅游吸引物，

---

① 陈博. 多元视角下体育产业的融合发展研究 ［M］. 北京：中国经济出版社，2020：56.

吸引更多的游客，推动当地经济的发展，形成体育产业与旅游产业充分发展的双赢局面。

3．组织融合

组织融合是体育产业与旅游产业融合的重要载体。产业发展的中坚力量是企业，所以体育产业与旅游产业融合时要将企业置于重要的位置。当体育产业与旅游产业融合时，会出现带有这两种产业性质的新型企业，这些新型企业有着相对丰富的业务类型和相对完善的产业组织。而随着体育产业与旅游产业融合程度的加深，这些产业组织也必须进行不断的融合与创新，只有这样，才能满足两种产业融合发展的需求。

4．市场融合

市场融合是体育产业与旅游产业融合的关键所在。市场融合主要是指在体育产业与旅游产业融合过程中，市场上所出现的两种产业之间相互渗透、相互辐射的现象。市场融合能够将体育产业与旅游产业的营销、运作等整合在一起，从而提高各自的影响力。

5．资本融合

资本融合是体育产业与旅游产业融合的血液。相较于其他产业，体育产业对原料、设备等有更高的要求。随着现代科技的飞速发展，体育产业中的设备折旧和更新速度也在加快，这也意味着体育产业需要更多的资本投入。而旅游产业越发达，就越能通过多种渠道获取资金，那么它能为体育产业提供的资金支持力度就越高。

6．政策融合

政策融合是体育产业与旅游产业融合的重要保障。为了完成国家制定的经济规划，政府会出台一系列政策，实施一些战略，来推动产业的发展。而产业的不断发展，又会使政府不断调整政策，以适应产业的结构变化。所以，体育产业与旅游产业的融合会促使政府制定一系列新的政策，来推动两大产业的深入发展。

（二）体育产业与旅游产业融合的阶段分析

体育产业与旅游产业的融合主要经历了四个阶段，即萌芽阶段

（无融合）、成长阶段（低度融合）、发展阶段初期（中度融合）、发展阶段中后期（高度融合）。

1. 萌芽阶段

在萌芽阶段，体育产业与旅游产业是处于一种相互适应的状态，两者在制度、市场等方面都还未建立起相应的联系，而且各个子系统中的融合因子也没有与外部环境建立起一个相对完善的结构。

2. 成长阶段

在成长阶段，体育产业与旅游产业处于一种低度融合的状态。旅游产业对体育产业具有基础支撑的作用，为体育产业的发展提供了一定的帮助。此外，在该阶段，体育产业与旅游产业融合所起的作用逐渐凸显。

3. 发展阶段初期

在发展阶段初期，体育产业与旅游产业处于一种中度融合的状态。体育产业与旅游产业的融合系统与外部的互动日益增强，并且出现了一些带有这两种产业性质的新型产业。随着这些新型产业的不断发展，它们所能吸引的投资越来越多，产业规模也就越来越大，逐步形成了产业链和新的产业集群。

4. 发展阶段中后期

在发展阶段中后期，体育产业与旅游产业已处于高度融合的状态。此时，这两种产业的融合系统已经达到了一种有序的状态，体育产业、旅游产业以及这两种产业融合形成的新型产业都在朝着更加合理的方向发展。

（三）体育产业与旅游产业融合发展模式

体育产业与旅游产业融合发展的模式主要有两种，即渗透型融合模式和重组型融合模式。

1. 渗透型融合模式

渗透型融合模式属于体育产业与旅游产业融合发展模式中较低状态的融合，在这一模式下，之前的产业业态不发生改变，也没有新的业态产生。渗透型融合模式的方向是双向交叉进行，既从体育产业指向旅游产业，也从旅游产业指向体育产业[①]。

2. 重组型融合模式

一般情况下，重组融合多发生在不同产业之间，或者同一产业的不同行业之间。在重组型融合模式下，体育产业与旅游产业之间的产业业态会发生相应的改变，并且会有新的产业业态形成。以会展、节庆、产业聚集园区、特色项目为例，将它们融合在一起，会形成四个旅游新业态。

三、体育产业与旅游产业融合的影响因素及对策

（一）体育产业与旅游产业融合的影响因素

影响体育产业与旅游产业融合发展的因素主要包括三个方面的内容，分别是制度因素、中介服务因素和需求因素。

1. 制度因素

在当前的发展环境中，体育产业与旅游产业在融合发展的过程中遇到了制度因素的制约，极大地阻碍了融合产业的进一步发展。制度因素对体育产业与旅游产业融合发展的影响主要表现在两个方面。

第一，长期以来，我国体育产业与旅游产业的管理体制是行业壁垒与条块划分共同存在的体系。当经济与行政区域出现分布交错时，行政区域往往会从政治制度的角度出发，对经济活动进行必要的制约与管束。为了获取最大的经济效益，不同行政区域也会实施体育产业与旅游产业融合发展的策略，但为了保护体育产业与旅游产业融合发展所创造的地方利益，它们往往采取进出壁垒与保护主义等行为，这使得两大产业的融合在很大程度上只局限在某个区域内，造成的结果便是产业融合的规模效益锐减。

第二，从整体上来讲，我国政府的管理结构为纵向权力结构，

---

① 陈博．多元视角下体育产业的融合发展研究［M］．北京：中国经济出版社，2020：59．

这种结构虽然适合直线型调节和控制，但在维护同级横向方面的利益却存在诸多的局限，这对于不同行政区域内体育产业与旅游产业的融合发展是非常不利的。

2. 中介服务因素

影响体育产业与旅游产业融合发展的中介服务因素主要表现在两个方面，具体内容如下。

（1）中介部门作用过于纯粹。体育产业与旅游产业在融合发展的过程中，要求具备行业资质论证、专业人才引入、网络信息系统应用等一系列服务。但当下中介服务部门通常只在某个流程上进行服务，且不同中介部门相互独立，致使它们的作用过于纯粹，这在一定程度上会对体育产业与旅游产业的融合发展造成不利的影响。因此，需要中介部门之间加强联系，从而为体育产业与旅游产业的融合发展提供有力的支持。

（2）中介服务缺乏规范。完善的规范不仅能够有效地避免企业之间、企业与中介之间出现界线模糊的情况，而且有助于有效避免客户与中介之间形成不明矛盾。而当下，由于缺乏相应的规范，中介与体育产业或旅游产业的客户之间时常会出现各种类型的矛盾，如信誉问题、违约问题等，这些都对我国体育产业与旅游产业融合的可持续发展产生了不利的影响。

（3）需求因素。现阶段，由于各地区的经济发展速度还存在明显的差距。因此，体育、旅游产品的消费在不同区域都会存在一定的差异，尤其是体育产业与旅游产业融合后创新开发的产品，因为前期投入了过多的沉没成本，因此后期很有可能以高价投入市场，这就限制了一部分人对它们的消费，导致市场对它们的需求不会太大。此外，这两大产业融合形成的新产品（物质产品和服务产品）能否融入市场，还与人们的消费观念密切相关，如果融合开发的新产品超出消费者的理解范围，而企业又缺乏相应的宣传与推广，消费者对新产品的需求自然不会太大，这就很有可能造成新产品"起点即终点"的悲情结局。综上，需求因素对体育产业与旅游产业的融合发展也有着巨大影响。

（二）体育产业与旅游产业融合的对策分析

1. 提高认识

体育产业与旅游产业的融合，不仅能够有效地推动体育产业与旅游产业的发展，而且能够在很大程度上带动相关产业的发展，从而为国民经济的发展提供有力的支持。因此，相关利益者应当在明确了解产业融合这一新型产业发展模式的基础上提高认识，正确分析和评价这两大产业融合所起到的效益作用，并自愿加入推进这两大产业融合发展的进程中。

2. 完善产业管理机制

在体育产业与旅游产业融合发展的过程中，会产生各种矛盾，这时就需要相关的管理机制来加以约束和管理。但当下我国在这两大产业融合方面的管理机制还不太健全，需要进一步完善，从而为体育产业与旅游产业融合的长足发展创造一个良好的环境。完善产业管理机制主要包括三个方面的内容：第一，建立健全产业治理体制；第二，制定并健全行业管理的法规、政策；第三，构建现代公司管理制度。

3. 完善中介服务

完善中介服务主要包括三个方面的内容：第一，要增强中介部门人员对体育产业与旅游产业融合方面的了解，从而提升整体的服务效率和水平；第二，加强不同中介机构之间的交流与合作，从而建构一个多层次、全方位的服务体系；第三，国家与政府要建立健全相关的法律、法规，使中介服务朝着更加规范的方向发展。

4. 制定有效政策

制定有效的政策能够在很大程度上规范这一领域内的利益主体的相关活动，从而使两大产业的融合发展朝着更加有序及制度化的方向发展。此外，体育产业与旅游产业融合发展过程中的利益主体需要建立健全相应的配套制度，最大限度地降低融合发展中的负效应。

另外，体育产业与旅游产业融合发展是优化体育产业结构的手段之一，比如将体育赛事、体育表演等与旅游产业有机结合起来，能够在很大程度上提升体育服务业的发展水平，从而有效地解决体育产业结构不合理等问题，进而推动这两大产业的协调发展。

第二节　体育产业与文化产业的跨界融合发展

文化产业是活动主体以产业的方式进行运作的经济活动，一般以营利为目的。文化产业是围绕文化而进行的生产、流通、传播等一系列活动的总和，文化属性是其最本质属性。发展文化产业不仅是为了满足个人的精神文化需求，而且是为了推动人类社会的不断进步。作为当今时代最具发展前景的一种产业类型，文化产业既是经济建设的新干线，也为精神文明建设开辟了新的道路。

体育产业与文化产业的核心行业具有相似的产品形态和价值取向，相互依存、相辅相成的关系使它们具有融合发展的先天优势。

一、体育产业和文化产业的关系

早在 2004 年，国家统计局制定第一版《文化产业及相关分类》时，便有建议提出将体育产业归属于文化产业进行统计，最终相关课题组认为，体育产业已形成独立完整的科学体系和分类体系，如果将其归于文化产业，极有可能削弱文化的整体特征，因此该建议未被采纳。

从广义的文化内涵来看，体育确实是一种社会文化活动，将体育产业纳入大的文化产业的范畴并非毫无道理。但从实际工作和相关文件来看，目前国家对文化产业的界定并不包括涵盖所有与文化密切相连的广义的文化产业，而是将其限定在与体育、教学、自然科学等产业并列的狭义的文化产业中。因此，尽管体育产业与文化产业之间的界限并不十分明确，但两者整体仍属于并列关系，对两者的融合发展进行研究也是符合逻辑的。

体育和文化分别是体育产业和文化产业的核心，体育和文化的性质与相互联系直接决定了两种产业能否实现融合。体育和文化看似互不相干，实际上两者同为人类活动的产物，也都具有一定的政治、经济、教育等功能。从定义上讲，体育是一种以锻炼身体为基本目标的社会活动，而文化是人类所有精神产品和物质产品的总和，可以认为体育在广义上是文化的一部分，两者存在共生关系，而共生关系正是融合的前提。从消费的角度来看，人们之所以进行体育消费或文化消费，都是为了获得精神上的愉悦和满足，而人们对体育和文化的消费最终会融合为某一种特定的精神消费，这种对消费的融合需求也会促进产业融合的发展。

二、体育产业和文化产业的融合机制

（一）核心行业具有相似的产品形态和价值取向

以新闻、出版、电影电视等行业为核心的文化产业以提供精神产品为目标，以满足人们的精神文化需求、丰富人们的精神世界为己任，符合社会主义核心价值体系的要求，能够为发展中国特色社会主义提供强大的精神动力。而体育产业的核心——体育竞赛表演业和体育健身娱乐业同样能够为人民群众提供具有观赏性和体验性的精神产品，让人们通过消费体育产品来获得精神上的享受。由此可见，文化产业和体育产业的核心行业均具有相似的价值取向，这也是两者得以融合发展的重要前提。

（二）两者相互依存、相辅相成、共生共荣、相互促进

1. 文化产业为体育产业的发展提供平台

文化产业中的核心行业，如出版、媒体、影视等，能够为体育产业的发展提供平台，并促成体育出版、体育媒体、体育影视等新业态的形成，最大限度地彰显体育的精神文化价值，扩大体育产业的影响。近年来，我国的电视媒体开始加大对体育竞赛市场和体育健身娱乐市场的宣传力度，通过大量引进国外优秀的体育节目，推

动我国体育产业市场的开放。

2. 体育产业是一个文化性较强的产业

体育产业中的核心行业，如体育竞赛表演业、体育健身娱乐业等，之所以能够生产出具有经济价值的精神产品，是因为其本质上具有一定的精神文化特征。综观国际上的重大赛事，也无一不具有丰富的文化内涵。以奥运会为例，奥运会之所以能够成为世界范围内公认的第一大体育赛事，凭借的不单是高水平的竞技比赛，更重要的是明确的指导思想和人文精神为其注入了文化内涵和文化构思，增加了文化附加值。

3. 体育产业的发展促进文化产业的发展

体育节目作为当前最受欢迎的一种节目类型，为媒体的市场运作带来了庞大的受众群体，尤其是赛事转播业和体育广告业的发展，更使传媒行业获得了高额的经济收益。同时，体育节目的热播也对新媒体技术的革新与发展起到了一定的推动作用，为提高体育节目的转播质量，越来越多的拍摄技巧和放映技巧开始被广泛应用于体育节目的制作过程中，而传媒行业对高科技的需求又反过来促进了科技的进一步发展。

4. 体育为文化创作提供素材

随着体育事业的不断发展，人们对体育运动的关注不再局限于比赛的激烈程度，也开始同样重视体育比赛背后的故事，如运动员的家庭和感情，数年训练中所经历的艰辛，永不言弃、顽强拼搏的精神等。越来越多的文艺工作者和文学创作者开始从体育故事中获取灵感、寻找素材，以体育为主题的影视作品和文学作品逐渐丰富起来。

文化产业和体育产业相互促进、相互关联。文化产业是体育产业发展的载体，如果体育产业缺乏文化内涵，其魅力将大打折扣，难以形成具有一定影响力的体育品牌；同样，如果体育产业的发展止步不前，文化产业也将失去一个极具发展前途的素材来源。两者是相互依存、相辅相成、共生共荣的关系，具有深厚的融合基础。

三、体育产业与文化产业融合发展的实现模式

体育产业与文化产业的融合发展，归根结底是两者在各自的产业发展过程中为寻求突破而采取的一种创新发展方式。体育产业可借助文化产业的文化包装、文化渲染来提升自我价值，文化产业也可以从体育产业中获取产品内容灵感，从而扩大生产范围，两者相互促进相辅相成。

（一）政府主导模式

政府主导模式是指将政府方面的作用力作为体育产业与文化产业融合发展的主要动力，以此带动系统动力的其他方面，主要从角色定位和环境营造两个方面进行。

1. 转变政府角色

对产业融合而言，政府起到的是贯穿产业融合发展全过程的外部作用，会对每一个环节都产生或多或少的影响，且这种影响既有可能是推动力，也有可能是阻力。所谓转变政府角色，就是指在减小或消灭阻力的同时增加支持力，具体来讲，要求政府放松对体育产业和文化产业的产业管制，尽可能消除行政垄断、分割管理等不利局面，并通过改革管理机构、增强服务职能、更新规制政策等，适应政府在产业融合过程中主导作用的转变。

2. 营造融合发展环境

政策支持、法律保障、管理协调是政府在产业融合过程中所发挥的最不可替代的作用。营造良好的融合发展环境是政府的职责所在，政府想要充分履行职能，首先应牢固树立体育产业与文化产业融合发展的共识，明确文化产业对体育产业的价值提升作用以及体育产业对文化产业的内容扩展作用。

在政策支持方面，政府应为体育产业与文化产业的融合发展提供资金支持和政策优惠；在法律保障方面，政府应完善相关法律法规，保护融合过程中的创意成果不被侵权，形成良好的创意鼓励环境；在管理协调方面，政府应建立统一的管理机构，避免"多头管

理"的问题出现，消除行业行政壁垒。

（二）市场化模式

市场化模式是指政府较少参与、主要依靠市场力量推动体育产业与文化产业自主融合的发展模式。此处的市场力量主要指企业需求自我突破的推力和消费需求变化带来的拉力。在市场化模式下，体育产业与文化产业的融合发展路径包括以下几种：一是发展体育文化产品或服务的消费人群；二是挖掘体育文化产品或服务的消费需求；三是开发体育产品或服务的深层次价值；四是社会资本主动参与。

发展消费人群、挖掘消费需求的前提是提高人们对体育文化产品或服务的认知度。体育产业与文化产业的融合发展一定要切合市场需求，不能为了融合而融合。设计并生产符合消费需求的产品与服务，是体育产业与文化产业融合发展的关键。不同的消费者会对体育文化产品与服务产生不同的需求，能否满足个性化、多样化的消费者需求，直接决定了一家企业的发展前景。

市场化模式以企业对消费需求的挖掘为起始点，以符合消费需求的产品与服务为关键点，以社会资本的注入为发力点，以市场机制为连接点，强调市场因素在体育产业与文化产业融合发展过程中的主导作用，并对市场环境提出了两点要求：第一，具有较为浓厚的体育文化氛围；第二，市场经济发展程度较高。

四、体育产业与文化产业融合发展的"瓶颈"及优化策略

（一）体育产业与文化产业融合发展的"瓶颈"

1. 规制"瓶颈"

由产业融合引发的产业边界模糊问题，给现行体制与政策带来了极大挑战。在过去的规划体制中，文化产业和体育产业分别属于文化部门和体育部门，行业壁垒森严，两者在税收、准入、审批与管理等方面的体制政策也有较大区别。而在产业融合的背景下，如

果文化产业和体育产业继续坚持以往的分立规制，将十分不利于两者的融合发展，会成为制约产业融合的"瓶颈"。因此，政府必须重新制定有利于产业融合的一系列体制与政策，以避免体育产业和文化产业融合的积极性受到影响。

2. 内容"瓶颈"

在体育产业与文化产业的融合发展中，产品的内容与创意是十分重要的。是否有文化内涵丰富、创新价值显著的品牌产品作为产业支撑，将直接关系到产业融合的深度与广度。目前，我国较为欠缺的是具有强大吸引力的品牌体育活动，我国现有的职业赛事大多竞技水平低且缺乏包装，有时甚至还牵涉诚信问题。在体育内容方面，主要存在两个问题：一是文化产品的创造缺乏积极的体育内容作支撑，这不利于体育文化正面价值的弘扬；二是传统媒体的内容过于因循守旧，难以吸引新一代的受众，导致维持基本生存已成困难。

3. 平台"瓶颈"

受体制等因素的影响，很多时候文化产业在资源提供等方面所做的工作并不到位。以体育赛事的电视转播为例，一般情况下，各省市只有一家省级电视台的综合频道能够覆盖全国，而地方体育频道只有本地人能够接收。因此，各项体育赛事要想提升影响力，就必须借助央视媒体进行直播或转播。然而央视媒体所能提供的平台毕竟有限，这就导致一些亟须扩大影响力的优质体育产品无从依靠，进而导致发展陷入"瓶颈"。

4. 人才"瓶颈"

在产业融合的人才队伍建设方面，人才培养与市场需求脱节是目前最为明显的一个问题。在产业融合领域，极度缺乏既懂文化又懂体育的复合型人才，高素质的管理人才、思路灵活的创意策划人才也为数不多。产业融合的发展水平归根结底取决于人的主观能动性的发挥程度，因此，人才队伍建设力度不足将大大阻碍产业融合进度。

（二）体育产业与文化产业融合发展的策略

1. 突出优势，相互借鉴成功经验

体育产业与文化产业在融合发展的过程中，应充分挖掘自身的优势，同时借鉴对方的发展经验，取长补短，以突出产业特色。

文化产业应继续加强对文化内容的建设，辅之以对新媒体平台的打造。而以体育赛事为主要内容的体育传播业也正是依靠文化产业的平台优势，才得以完成对内容资源优化整合的。因此，加强平台建设不仅能够使文化产业自身做大做强，也有助于为体育产业的资源整合提供技术支持和物质载体。

体育产业应注重对精品项目的开发与打造，以创建品牌产品为目标，大力推广人民群众喜闻乐见、广泛参与的运动项目，提升体育产品的文化内涵。发挥体育产品在精神文明建设中的作用，促进体育与文艺、演艺、出版、民俗等相结合，打造具有中国特色的健身娱乐产品和体育赛事品牌，用体育产业核心层的发展带动整个体育产业的繁荣。

2. 建立协调机制，深化体制改革

深化体制改革是促进产业融合的动力。政府部门应根据体育产业与文化产业融合发展的要求，重新审视现有的体制政策，完善或重新建立具有前瞻性和科学性的、有利于产业融合发展的相应规制。从产业融合的角度出发，应多部门共同建立新的协调机制，消除条块分割的行业壁垒，按照"政府主导、市场运作、企业主体、社会参与、群众受益"的原则，对文化和体育的融合发展进行总体上的战略部署。同时加快立法建设，出台鼓励产业融合的政策，对主动寻求产业融合的企业予以支持，以打消其后顾之忧。

3. 提升体育产业的文化品位

（1）加强非物质文化遗产和民俗项目的保护与开发。在保证对体育非物质文化遗产保护的同时，以时代特色与人们的消费需求为依据，充分发挥体育非物质遗产的经济功能，对其进行适度的包装与改造，使之成为具有鲜明特色的兼具文化属性和体育属性的品牌

产品，以满足产业融合、产品开发的需要。可考虑选择观赏性、趣味性较强的体育非物质文化遗产项目和乡土气息浓厚的民俗体育项目，开发富有民族特色和地方风情的体育文化体验活动，向体育爱好者展示优秀民俗并邀请他们参与其中，使其能够亲身体验由体育与文化相融合所带来的乐趣。

（2）策划文化内涵丰富的体育赛事和活动。充分利用我国悠久的历史文化，策划并举办文化底蕴深厚、体育精神鲜明的赛事与活动。在策划过程中，应注意对文化元素的挖掘与展示，如在举办城市马拉松比赛时，可在不对文化古迹造成破坏的前提下，将城市中独具特色的文化地标连接起来，由参赛者自主选择路线，以吸引更多公众参与其中。

（3）营造职业赛事发展的良性文化环境。职业赛事发展缓慢、部分职业联赛的发展呈萎缩之势是我国体育产业当前存在的一个突出问题。职业赛事的发展之所以不如人意，除产品本身质量不高这一根本因素外，还在很大程度上受到类似打假球、黑哨等恶性文化的影响。因此，要用社会主义核心价值观引领职业体育的文化建设，弘扬以爱国主义为核心的民族精神和以改革创新为核心的时代精神，积极营造正面、健康的职业联赛良性文化环境。

（4）加强体育产业与文化产业部门的合作。与体育产业相比，文化产业的创意人才储备相对丰富，因此体育产业部门应加强与文化产业部门的合作，利用电视、报刊等传统媒体和各式各样的新媒体平台，向群众推广全民健身主题教育，使群众重视健身、关注体育层面的人文价值、提高体育认知水平，让体育运动成为一种自觉的群众行为。建议体育部门与文化部门联合举办体育电视（电影）节、体育文学比赛、体育建筑文化节、体育服装展等活动，最大限度地弘扬体育精神。

4. 推动体育元素与文化元素的融合

（1）体育内容与文化平台的融合。充分发挥文化平台的优势，扩大体育内容的品牌影响力，如利用电视画面清晰、直观性强、转播即时的特点，提升体育赛事与娱乐活动的影响力，打造品牌体育产品。

（3）体育元素与文学创作的融合。文学作品的创作者应对体育事业的发展多加关注，从体育活动中获取灵感、寻找素材，以生动的笔触、感人的形象、积极的旋律歌颂体育精神，将体育事业的发展成就展现在大众面前，这样既能让大家更加了解体育的魅力，主动参与到体育活动中来，又能使读者欣赏到集思想性、艺术性、观赏性于一体的喜闻乐见的优秀文学作品。

5. 培养产业融合发展所需人才

任何产业的发展都离不开专业人才的支持，因此，依托我国的高校资源和优质生源，建设若干专门负责体育产业与文化产业融合发展的研究机构，并以机构为平台，会聚一批专业人才，主要任务包括追踪国内外体育产业与文化产业的发展动态，策划一系列有关产业融合的开发项目，为制定有利于产业融合的政策制度提供决策参考。研究机构应积极开展针对体育产业、文化产业的教育培训，通过多种渠道培养既了解体育产业、又熟悉文化产业的复合型人才。与此同时，高校也应积极推进教学改革，优化专业配置与课程设置，重视对产业融合所需人才的培养。

第三节　体育产业与养老产业的跨界融合发展

在我国，随着经济社会的不断发展，社会养老保障制度、体系等也在不断完善，养老产业也在不断发展。养老产业是基于第一、第二、第三产业形成的，具有经济和社会双重属性的，为老年人提供相应产品与服务以满足老年人物质与精神需求的各种行业的统称。

体育产业与养老产业的融合发展能够促进这两大产业的发展，也能为相关产业的发展提供有力的支撑。

一、体育产业与养老产业融合发展的机理

(一) 融合主体与融合客体

1. 融合主体

体育产业与养老产业融合的主体是与这两大产业相关的企业主体，即体育企业和养老企业。需要注意的是，并不是所有的体育企业或养老企业都能称得上是体育产业与养老产业融合的主体，真正意义上的融合主体需要同时满足两个方面的条件：一方面，企业必须是体育企业或养老企业；另一方面，企业自愿且有能力专门从事老年体育产品与服务产品的生产与经营活动。

2. 融合客体

体育产业与养老产业融合的客体指的是融合主体所直接作用的具体对象或标的物，具体包括三个方面的内容，即融合型知识、融合型技术、融合型产品。其中，融合型知识是指适合老年人生理和心理特点的体育学科知识；融合型技术是指以老年人的需求为导向、开发适老体育资源所依凭的技术手段；融合型产品主要包括核心产品和外围产品[①]。

(二) 融合效应

体育产业与养老产业融合的效应主要体现在三个方面，即企业合作竞争效应、产业结构优化效应和区域消费升级效应。

1. 企业合作竞争效应

体育产业与养老产业的融合为这两大产业的发展创造了新的发展空间，促进了体育企业与养老企业结构的有效调整。

2. 产业结构优化效应

体育产业与养老产业的融合使得原本相对独立的两大产业融合在了一起，在为双边企业创造有利的发展空间的同时，也使得双边

---

① 陈博. 多元视角下体育产业的融合发展研究［M］. 北京：中国经济出版社，2020：95.

企业的竞争意识不断加剧。为了提高自身的竞争力，双边企业通常会采取各种措施来拓展自身的发展空间，如技术创新、提高服务质量等，这些举措不仅有助于提高企业的竞争力，而且会在很大程度上推动产业结构朝着更加合理的力向发展。

3. 区域消费升级效应

体育产业与养老产业融合的区域消费升级效应表现为：这两大产业的融合打破了传统的产业区域边界、拓展了相关产业的发展空间、促进了体育资源与养老资源的流动与重组，从而极大地提升了区域康养消费水平，并使生活性服务业朝着更加高级化的方向发展。

（三）体育产业与养老产业融合发展的关系

体育产业与养老产业之间有着密切的关系，它们的联动发展是通过彼此之间资源的流通、共享实现的。

1. 体育产业对养老产业具有渗透和提升作用

体育产业对养老产业的渗透和提升作用主要表现在两个方面：一是体育产业与养老产业的融合发展有助于发挥体育产业资源在推动社会养老服务体系建设中的优势[①]。当体育产业资源充分融入社会养老服务体系时，不仅能够发挥体育产业本身所拥有的体育资源的价值，而且有助于对养老资源的开发，从而推动社会养老体系的不断完善；二是体育产业与养老产业的融合发展能够扩充养老产业的市场空间。体育产业与养老产业的融合能够使相当一部分养老企业转战体育市场，这不仅能够有效地提升养老服务产品的整体经营水平，而且在很大程度上拓展了养老产业的市场空间。

2. 养老产业对体育产业具有引导和扩散作用

养老产业对体育产业的引导和扩散作用主要表现为体育产业与养老产业的融合能够推动老年体育产品体系创新、扩大体育消费覆盖面、增强特色优势体育企业在养老市场中的竞争力。随着国家社

---

① 国务院办公厅关于印发社会养老服务体系建设规划（2011-2015年）的通知〔EB/OL〕.http://www.gov.cn/gongbao/content/2012/content_2034729.htm，2011-12-16.

会养老体系的逐步完善，人们的健康意识日益增强，养老产业也在不断发展壮大，体育企业如果能够根据养老市场需求的变化，积极研发新的能够满足老年人要求的体育服务产品，那么这些企业必将成为养老消费市场最有力的竞争者。

二、体育产业与养老产业融合发展的态势

（一）现阶段我国体育产业与养老产业融合发展的契机

现阶段我国体育产业与养老产业融合发展的契机主要表现为三个方面，即全民健身常态化、养老服务市场化、老年消费品质化，具体分析如下。

1. 全民健身常态化

随着我国经济社会的快速发展，人们对体育的意义和价值的认识也发生了深刻变化，人们参与体育运动的目的已从单纯的锻炼身体转变为寻求健康和享受生活，追求的是自身的全面发展。正是由于体育意识的增强，越来越多的民众开始参与到体育运动中来，加之政府引领、市场运作等方面的共同努力，近年来全民健身事业如火如荼并呈现出常态化的发展趋势，为我国体育产业与养老产业的融合提供了有利的契机。

2. 养老服务市场化

尽管当下我国的养老服务供给还不能完全赶上人口老龄化的步伐，我国的养老服务市场也尚未得到有效的开发，但随着国家政策的偏向支持，以及社会企业对养老服务行业的逐渐涉足，市场化已成为养老服务的发展趋势。而养老服务的市场化又需要以满足老年人的各方面需求为基础，尤其是要满足老年人对康体健身、娱乐身心的体育服务产品的需求，这就为我国体育产业与养老产业的融合迎来了新的契机。

3. 老年消费品质化

随着经济社会的发展、科学技术的进步，老年人接受信息的渠道更加多样，这在很大程度上改变了老年人的消费观，使得他们的

消费理念、消费需求、消费方式等都发生了巨大的改变。这些因素的改变又在很大程度上激发了老年人的消费活力，越来越多的老年人开始以开放的姿态去尝试各种各样的适老的休闲娱乐消费项目，养生旅游、体育健身等品质化消费开始成为老年人兴趣消费的主要对象。老年人消费观所带来的老年消费品质化，不仅为养老市场迎来了新的增长点，而且为这两大产业的融合提供了新的契机。

（二）现阶段我国体育产业与养老产业融合发展的动力

基于全民健身常态化、养老服务市场化、老年消费品质化等发展趋势，我国体育产业与养老产业融合发展的契机已变得成熟，在这些契机的支持下，现阶段我国体育产业与养老产业融合发展的动力从根本上来说主要来自两个层面，即国家层面的政策导向和企业层面的范围经济扩张。

1. 国家政策导向——外生性动力

随着经济社会的高速发展，我国的生活性服务业也呈现出良好的发展势头。为了进一步推动生活性服务业朝着跨越式方向发展，国家政策的导向支持就显得尤为重要，甚至可以说，国家的政策导向支持是推动生活性服务业内部发生产业融合现象的决定性因素。国家的政策导向能够为体育产业与养老产业的融合提供有力的政策支持，并且能够在很大程度上降低或消除两大产业间的进入壁垒，从而为两大产业的融合创造一个既自由又有保障的市场空间。

2. 范围经济扩张——内生性动力

范围经济是实现社会资源有效使用、提高生产效率的重要手段，它通常是以一家企业生产多类产品和多家企业生产一类或几类产品的相对总成本来定义[①]。从上文所述的产业融合理论中可知，产业融合的前提是融合产业之间要具有范围经济特征，即联合生产或经销经济。

从本质上说，这两大产业融合发展的经济特征是范围经济扩张。

---

① 　王俊豪. 产业经济学（第三版）［M］. 北京：高等教育出版社，2016：21.

体育产业与养老产业的相关企业，如果采用跨产业经营战略，并通过优化产品结构等途径降低生产或销售成本，就容易引发范围经济扩张，进而驱动这两大产业融合的发生。

（三）现阶段我国体育产业与养老产业融合发展的趋向

1. 体育产业与养老产业融合的目标

体育产业与养老产业融合的目标是在引导老年人形成健康生活方式的基础上，通过实现体育产业与养老产业相关资源之间的全面渗透与重组，形成集康复、疗养、娱乐等服务元素于一体的运动健康服务市场新格局。

在服务对象一定的条件下（这里主要指老年群体），体育企业与养老企业所提供的服务在很大程度上是相关联的，而且这些服务元素在许多环节是相互叠加在一起的。受多种因素的影响，老年消费者对适老体育服务与产品的需求呈现出多元化特征。因此，在推动体育产业与养老产业融合发展的过程中，要明确目标，找准企业用力的方向，在有效满足老年人多样化的体育与养老消费需求的基础上，实现体育产业与养老产业的融合发展。

2. 体育产业与养老产业融合的模式

从产业成长的视角来看，随着体育产业与养老产业融合度的不断提高，与这两大产业相关的资源将会不断地被重组和优化，进而拓展"体育＋养老"的市场增值空间，并最终形成一个以老年运动健康服务为中心，涵盖多方面产业服务要素的"体育＋养老＋X"的新兴产业平台。

在这两大产业融合发展过程中，"体育＋养老"基于不同的产业主导因素，会形成不同的产业融合模式，具体分析如下。

（1）需求引领式融合。需求引领式融合是基于"体育＋养老"形成的本体模式。它是一种在企业对养老市场进行深入调研、充分了解老年人相关需求的基础上，形成的有针对性地为老年人提供高品质体育服务产品，以推动传统老年体育产业创新升级的融合发展模式。

（2）服务重组式融合。服务重组式融合是基于"体育＋养老＋医疗"形成的主轴模式。它是一种由企业对体育、养老服务对象和内容的市场定位进行重新规划，专门提供适老体育康养服务产品，创造老年康养市场新亮点的融合发展模式。

（3）资源互享式融合。资源互享式融合是基于"体育＋养老＋文旅"形成的支撑模式。它是一种企业通过利用体育、文化、旅游资源之间的关联性，在深入分析养老服务业潜在市场基础上形成的集老年赛会娱乐与旅游观光为一体的融合发展模式。

（4）市场共拓式融合。市场共拓式融合是基于"体育＋养老＋住宅"形成的配套模式。它是一种企业在面对体育、养老地产项目的规划、设计、开发、营销、维护等不同环节的竞争时，通过融入关联产业的价值创造理念，形成的集健康养生特色与运动休闲特色为一体的融合发展模式。

（5）功能延伸式融合。功能延伸式融合是基于"体育＋养老＋制造"形成的链条模式。它是一种企业根据市场需求与政策导向，创新产品服务体系，使产品价值链向适老体育康养服务产品生产制造环节延伸，从而形成具有服务业与制造业双重特征的多功能产品服务系统与价值循环扩展的融合发展模式。

（6）技术渗透式融合。技术渗透式融合是基于"体育＋养老＋信息"形成的衍生模式。它是一种企业通过运用信息技术平台来创新适老体育康养服务产品的生产经营方式，在缩短产品供求距离、增进企业与消费者之间关系的基础上，形成的集智慧体育与智慧养老服务为一体的融合发展模式。

三、体育产业与养老产业融合发展的策略

我国体育产业与养老产业融合发展的思路主要有三个方面：积极培育专业的老年运动健康服务市场、加快构建完备的多支柱养老保险体系、扎实推进全面的人口老龄化国情教育。其融合发展的策略主要涉及政府和企业两方面。

（一）政府促进体育产业与养老产业融合发展的对策

政府在体育产业与养老产业融合发展中所起的作用主要体现在两个方面：一是引导促进；二是规范限制。在体育产业与养老产业融合的起步阶段，政府通常会制定一系列的配套政策来引导并促进相关企业参与到这两大产业的融合中来；而为了保障体育产业与养老产业融合的可持续发展，政府又会采取相应措施来规范体育与养老服务市场的行为。政府促进体育产业与养老产业融合的对策主要包括三个方面的内容，具体如下。

1. 营造良好的政策支持环境

体育产业与养老产业融合的良性发展需要国家政策的支持，因为只有在良好的政策支持环境中，双边企业的发展才能得到有效的体制机制保障，才能最大限度地降低交易费用、提升经营效率、激发创新活力，从而创造出良好的经济效益和社会效益。

营造良好的政策支持环境需要从三个方面着手：第一，建立健全老年福利与老年体育的法律法规体系；第二，建立健全老年福利补贴制度和医疗报销制度，扩大养老保险的覆盖面；第三，发挥财政资金的引导作用，加大对老年运动健康服务市场的资金支持力度。

2. 创建开放的产业融合平台

政府创建开放的产业融合平台需要从以下三个方面入手。

第一，改革传统的管理体系与运营标准，并根据体育产业与养老产业融合发展的实际目标与具体情况重新建立管制体系与运营标准，为体育产业与养老产业的融合发展提供一个良好的管理体制平台。

第二，深入贯彻落实国家关于推动体育产业与养老产业融合发展的相关政策，积极鼓励社会闲散资本投入到对这两大产业的开发中来，为体育产业与养老产业的融合发展提供一个有效的资金保障平台。

第三，制定相应的制度，明确相关部门的职责，简化行政手续，提高相关部门的服务质量与服务效率，为体育产业与养老产业的融合发展提供一个有利的制度保证平台。

3. 引导行业的规范有序发展

政府引导行业的规范有序发展需要从以下两个方面入手。

第一，建立健全老年运动健康服务的定价、评估与监督机制，制定和完善适老体育服务产品相关标准的认证体系，推动体育产业与养老产业朝着标准化、规范化方向发展。

第二，制定和完善人才培育模式，加强对人力资源的开发与利用，为体育产业与养老产业融合的规范有序发展提供人才支持。

（二）企业促进体育产业与养老产业融合发展的对策

1. 加强行动理念创新

企业加强行动理念创新主要包括两个方面的内容：树立融合创新意识、探寻融合方法。

（1）树立融合创新意识。产业融合从本质上来说是一个集成创新的动态过程，双边企业只有具备前瞻的格局和开放的心态，不断创新，才能在激烈的市场竞争中占据一席之地，随波逐流注定会被市场所吞没。因此，在体育产业与养老产业融合发展的过程中，企业要树立融合创新的思想意识，积极构思富有新意的可行性方案，研发能够有效满足老年人消费需求的适老体育服务产品，争做行业的带头人。

（2）探寻融合方法。树立融合创新意识后，就需要通过探寻融合的方法并采取相应的融合实践来验证之前的理念创新是否行得通。在体育产业与养老产业融合的过程中，企业通常采取的融合方法有五种，分别为目标融合、资产融合、营销融合、机制融合和平台融合。

2. 加强发展战略创新

企业加强发展战略创新可以从以下两个方面入手。

（1）构建企业战略创新体系。构建企业战略创新体系包括三个方面的内容：第一，基于康养新产业价值链的协同战略所构建的战略创新体系；第二，基于产业融合所构建的战略创新体系；第三，基于智慧康养服务的信息化战略所构建的战略创新体系①。

（2）找准企业战略实施路径。在形成企业战略创新体系的基础上，体育企业与养老企业只有找准战略实施的路径，才能使一切创新理念在具体的管理实践中得到有效的落实。企业找准战略实施路径主要包括六个方面的内容：找准价值变现路径、找准制度建设路径、找准人才储备路径、找准渠道行销路径、找准产品规划路径、找准技术实现路径。

第四节　体育产业与"互联网＋"的跨界融合发展

"互联网＋"体育产业是指借助互联网技术来发展体育产业，使体育产业的商品类型、组织形式、盈利模式、经营管理方式等发生改变，如实现体育信息的共享、拓展体育产品销售途径等。"互联网＋"体育产业的意义在于将体育产业范畴内的所有资源统统集中在互联网平台，以推动体育产业的发展。"互联网＋"通过更新产业发展方式和产业管理模式，为体育产业的发展注入了新的活力。

一、"互联网＋"体育产业的发展现状

（一）赛事转播产业

自 2015 年起，我国各大企业开始竞相争夺体育赛事的网络转播权，自此，赛事转播业在我国正式走上了商业化运营道路，版权也逐渐成为体育产业中价格最高的商品之一。随着科学技术的发展，体育赛事的转播质量得到了明显提升，蓝光、360°全景视角、VOO-GOLF 球道轨迹还原等技术均为观众带来了全面清晰的观看体验。此外，新媒体平台互动性强的特点更好地解决了传统电视转播过程中观众参与度低的问题，各大网站纷纷建立起各自的社交平台和销

---

① 陈博．多元视角下体育产业的融合发展研究［M］．北京：中国经济出版社，2020：117.

售渠道，实现了商品形式的多样化，有利于吸引消费者的注意力。

（二）智能软硬件业

1. 手机软件

目前市面上热度最高的体育类智能软件主要包括运动健身软件、预约软件、社区软件三种类型。运动健身类 APP 发展势头正盛，主要负责为消费者提供运动数据、分析消费者的运动状态、提供运动教学视频，以满足人们在家健身的愿望。体育预约软件大致包括教练预约、好友预约、场地预约、门票预约四种类型，其设计初衷是为了让运动爱好者能够更加科学、更加便捷地参加体育运动。而在"互联网＋"时代，"交流"和"共享"成为体育产业的关键词，而运动类软件的出现正好为人们交流运动经验、分享运动心得提供了一个良好的契机与平台，极大地提高了消费者的运动积极性。

2. 智能装备

现如今，无论是体育场馆内的健身器材，还是可随身携带的小型运动装备，都带有高科技色彩，能够帮助人们更加科学地达到预期的锻炼效果。借助形式多样的智能装备，人们可以随时了解自己的运动强度，以便对运动计划进行及时调整。不少智能装备还被应用于大型比赛中，如在比赛时使用"智能球"，能够使观众直接掌握具体的比赛数据，如球的轨迹、力度等，有助于加深观众对比赛项目的认知。

（三）体育电商

优个网作为一家专门负责推出专业运动装备的运动电商，在乒乓球、羽毛球、网球等领域均占据着领先的市场地位，其经营方式具有一定的参考价值。优个网采用的是 O2O 销售模式，即"线上＋线下"，线上可为消费者提供各类专业产品，线下不仅能任消费者现场随意挑选，还能实现"线上订单线下自提"，并提供集设备保养、售后服务、赛事报名等于一体的线下服务站点。总之，优个网在经营方式、服务形式等方面，都能最大限度地满足体育消费者的需求。

（四）电子竞技

作为一项以信息技术为核心、以智能软硬件为工具、需要德智体全面对抗的竞技类运动，电子竞技一经推出，便迅速获得了广大消费者的欢迎。2003 年 11 月 8 日，经国家体育总局批准，电子竞技运动正式成为我国第 99 个体育运动项目。2004 年，中华全国体育总会举办了首届全国电子竞技运动会，电子竞技运动由此在我国崭露头角。

二、"互联网＋"体育产业的发展模式

"互联网＋"体育产业新业态的发展主要是从产业组织发展、产业结构发展、产业发展政策三个方面进行的[①]。

（一）体育产业结构"高＋新"优化模式

1. 优化产业链，定位产业链高端

在"互联网＋"体育产业中，产品价值的实现离不开各企业之间的相互协作，而调整产业链结构则是提高组织效率的最佳方式。基于信息技术的整合作用和新媒体平台的共享特征，"互联网＋"体育产业能够有效打破传统产业的市场垄断，使体育资源得到有效利用，促进企业间的公平竞争和专业化分工。产业链的优化需要依靠技术融合、市场整合的相互渗透，并将产业链上的关键节点共同整合为"互联网＋"体育网络状产业链，以节约企业参与市场交易所需费用，提高资源的重复利用率，实现系统价值最大化。

位于产业链不同位置的企业，其能够创造的价值也是不同的。根据"微笑曲线"理论（如图 5-1 所示）可知，掌握着核心技术和品牌服务、站在理论前沿的企业能获得的利润，远远高于仅凭重复劳动便能完成日常工作的低技术含量的企业。因此，发展体育产业时必须坚持优先发展核心产业的原则，以核心产业带动其他相关产

---

① 陈博．多元视角下体育产业的融合发展研究［M］．北京：中国经济出版社，2020：124.

业的发展。

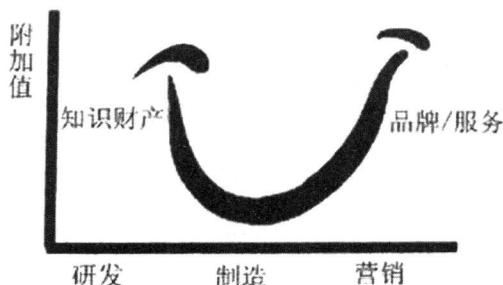

图 5-1 "微笑曲线"理论模型

2. 利用科技创新，促进体育深度融合

"互联网＋"体育产业这一新型业态正是传统体育与互联网融合后的成果，是体育产业借助大数据、云计算等高新技术对传统体育产业在产品形态、组织管理等方面的创新，目的是提高体育企业的生产效率和产品质量，使体育产业获得更好的生存环境。

目前，我国的"互联网＋"体育产业尚未实现真正的融合，这是因为我国体育产业在组织管理方面的革新力度不足，导致市场融合程度不高。要想实现体育与互联网的深度融合，首先要从需求增长的角度出发，维持"互联网＋"体育产业融合的长期发展，这就要求相关企业在开发新型体育产品前，充分调查消费者的需求偏好，以确保新产品是符合市场需求的。此外，还需积极促进组织与管理的融合，既要考虑到体育产业的公共服务性质，又要考虑到互联网产业存在的风险性，以充分实现"互联网＋"体育产业的有效融合。

3. 充分利用主导产业引导模式

所谓主导产业，是指发展速度远超同领域其他产业、最具带动作用的产业或产业群。此处的主导产业主要包含两层含义：一是坚持"互联网＋"体育产业的主导地位；二是明确"互联网＋"体育产业领域内的主导产业是什么。

主导产业的选择直接关系到整个产业的发展速度。"互联网＋"体育产业由赛事转播业、智能软硬件业、体育电商业、电子竞技业等多个分支产业构成，而按照高关联度、高发展潜力、可持续发展的原则，并结合上述分支产业在我国的发展现状，将赛事转播业作为"互联网＋"体育产业的主导产业，目前看来是较为合理的。赛事转播业不仅能为相关领域提供科学技术支持，还能带动消费者的更高层次需求，促进体育产业的整体结构优化。

（二）"互联网＋"体育产业集团化组织模式

在经济学家看来，信息技术的发展在一定程度上暴露了市场失灵、政府失灵等问题，单纯依靠市场或政府的力量发展经济已无法满足当代社会的发展需求，此时，集团这种新型产业组织的作用逐渐凸显。"互联网＋"体育产业与传统体育产业的最大区别就在于产业发展的动态性明显增大，消费需求不仅多样化而且变动迅速，新的技术、新的组合层出不穷，智能软件的更新速度远远超过一般产品。

"互联网＋"体育产业以信息技术为支撑，各企业之间的合作关系因资源共享而建立。实践证明，如果一家企业能够掌握核心的信息资源，就能比其他企业节约至少一半的成本，可见，集团化是发展"互联网＋"体育产业的必然选择。在遵循产业发展规律的前提下，大型集团完全能够成为与市场、政府并列的第三股经济力量，并发挥其得天独厚的核心作用。然而，并非所有企业都具有实现集团化的能力和资格，实现体育产业集团化的最佳方式应是由有实力、有资源的企业兼并同一领域的小型企业，最终合成大型集团。

（三）"互联网＋"体育产业新业态发展政策精准化模式

在体育产业的发展过程中，政府管制失灵的现象虽时有发生，但国家政策对产业的发展仍具有不可替代的引导作用。产业政策是政府为促进产业协调发展、提升产业竞争力而采取的手段。与一般性产业政策相比，产业发展政策更加强调产业发展的内在规律，主要包括产业结构演进政策、产业组织演进政策、产业融合政策、产业转移政策和产业集聚政策。要想充分发挥"互联网＋"体育产业政策的作用，就要根据不同产业的实际情况，选择更加精准化的产业发展政策。

三、"互联网＋"体育产业发展存在的问题及对策

（一）"互联网＋"体育产业发展存在的问题

1. 新产品的价值开发度不足

"互联网＋"体育产业基于信息技术的发展，创造出了一系列智能化、信息化的物质产品和服务产品。然而，在基数巨大的中国体育消费市场中，这些产品却未能完全实现预期价值。

（1）新产品附加价值不高。附加值是指企业在产品的生产过程中为产品增加的额外价值，是在产品原价值基础上增添的新价值。由于附加值能够使消费者获得超出预期的满足感，从而增加消费欲望，因此企业常常通过提升产品附加值的手段来维持自身的生存和发展。

不同的产品性质和生产方式所创造出的附加值也是不同的。以赛事转播业为例，虽然新媒体的兴起增加了观看比赛的渠道、优化了视频的质量，但网络转播平台并未取代电视直播的地位，其原因是网络转播未能提供超过电视直播的附加价值，两者所传递的内容并无本质区别。因此，网络转播平台应积极利用其互动性、即时性、共享性的优势，增加与消费者的直接接触，为消费者提供电视媒体无法满足的多元化服务需求。

（2）商品创新性不足。一个产业的产品能否保持不断创新，满足消费者个性化、多元化的需求，决定了其能否拥有稳定的受众群体。从"互联网＋"体育产业目前的发展情况来看，虽然体育产业在生产方式、流通方式等方面均有了飞跃式进步，但产品本身的创新性却十分有限，产品内容大多千篇一律、单调重复。以智能软件为例，当前对智能软件进行可开发与投资的项目已成为体育产业领域的热点，软件的数量和种类越来越多，但功能却大同小异，陷入明显的同质化局面。目前市面上的预约软件已达上百种，除涉及地点有所区分外，几乎没有本质上的不同，这使得重复投资问题严重，

投资效益逐年下滑，相关领域已陷入投资低谷。

（3）消费者的消费积极性不高。无法获得消费者青睐的商品注定会被市场淘汰，对体育智能软硬件的生产者来说，消费者对产品的消费积极性不高，是其难以突破经营"瓶颈"的最重要原因。在大多数人看来，参加体育运动是为了保持身体健康，不必拘泥于形式、地点，更不必额外投入金钱，如果说为追求舒适而购买运动专用服装属于人之常情，那么高额购入智能体育用品则超出了很多人的理解。消费观念的转变并非一朝一夕就能完成，因此智能软硬件业的发展尚有漫长道路要走。

2. 经营管理模式不够合理

科学合理的经营管理方式是维持体育产业可持续发展的关键所在。尽管与传统体育产业相比，"互联网＋"体育产业已在很多方面有所创新，但仍存在一系列问题，这些问题限制了体育产业新业态的发展。

（1）盈利模式单一。随着科技的发展和技术的革新，"互联网＋"体育企业开始纷纷探索新的盈利模式，如在转播赛事时出售相关产品、电商开设线下体验店等，然而这些举措并未从根本上改变体育产业的盈利模式。盈利模式单一、无法获得理想收益仍是多数企业面临的共同问题，其中最受影响和限制的莫过于智能软硬件行业。以运动类 APP 为例，与功能齐全、包罗万象的综合类 APP 相比，运动类 APP 的受众十分有限，且多数用户对 APP 的依赖性不强，导致其难以获得稳定的用户群和可观的用户量，继而造成对广告商的吸引力不够，无法获得预期的广告招商，产品销售额自然也会受到影响。

（2）管理制度滞后。完善的管理制度是一家企业成功运营、一个产业持续发展的重要保障。"互联网＋"体育产业作为一种新兴产业，无论是在政府对其的管理制度方面，还是在产业内部的管理制度方面，都存在一定的问题与疏漏，导致产业发展遇阻。具体表现为管理部门不清晰、监督管制不完善、产业政策不到位。

3. 产业结构有待完善

"互联网＋"体育产业这一新业态的形成，虽然在一定程度上加快了体育服务业的发展，但也使得体育赛事转播业、智能软硬件业等新行业纷纷上马，形成并驾齐驱之势。而多数行业因只顾市场竞争和资源争夺，忽略了行业发展的均衡性，导致主导产业不再明确，难以形成规模效应，造成资源和资本的浪费。另外，高科技含量不足、产业链结构不完整，这些都将成为我国体育产业在"互联网＋"背景下发展的阻碍因素。

（二）"互联网＋"体育产业的发展对策

1. 优化体育用品制造业

当前，无论是从对 GDP 的贡献来看，还是从就业人数来看，体育用品制造业都是我国体育产业的最重要组成部分。然而，处于转型阶段的体育用品制造业目前正面临着一系列问题。

众所周知，丰富的自然资源和充足的劳动力为我国制造业的"物美价廉"奠定了基础，但近年来随着我国人口增速的不断放缓，我国的人口结构逐渐失衡，老龄化现象严重，劳动力比例明显下降，这些都使得我国劳动力的价格开始上涨，继而造成产业总体成本上升，成本低廉的优势不复存在。此外，政府对环境保护的重视又要求企业不能以牺牲环境为代价来获取利益，如何保持利用自然资源和保护生态环境之间的平衡，也是相关企业亟须思考的问题。

针对上述问题，可通过提高机械设备的生产效率，将那些重复性高、技术含量低的工作交给机器，以降低人工成本，同时提高资源利用率，尽可能避免资源浪费。

2. 提高体育服务业整体水平

体育服务业在我国体育产业中所占比重较小，且发展水平整体不高，难以形成足够的品牌吸引力。要想提高体育服务业的发展水平，首先要从提高从业人员专业素养入手，高校可以增设针对体育产业管理的专业或课程；其次，体育产业自身也可加强对相关行业的普及力度，通过提高工作人员薪资待遇等方式，吸引更多优秀人才加入该行业。另外，要扩大体育服务业的种类，除对户外探险、攀岩等相对冷门的项目进行进一步开发外，还可以充分利用共享单车，举办"公路自行车比赛""自行车观光文化游"等活动，这既能使路边随处可见的共享单车物尽其用，也有利于降低租赁成本和宣传成本。

3. 推动"互联网＋智能技术"的发展

随着科学技术的迅猛发展，VR、AR 等虚拟技术开始广泛应用于各行各业，体育产业也应抓住机遇，深化产业内技术改革，以占据市场先机。对现有产品而言，可通过提高产品的技术含量来增强产品的实用性和舒适度，吸引更多的消费者。例如，李宁公司联手小米手环推出的智能跑鞋，开拓了智能运动领域；而 AR 技术的出现则可以解决因场馆短缺而造成的无法集中训练的问题。相关企业也可以参考现有的"迷你 KTV"模式，打造"迷你网球场""迷你高尔夫球室"等小型场馆，尽可能为人们参加体育运动提供便利。

4. 尝试品牌跨界合作

我国体育用品业中的知名品牌如"安踏""李宁"等，在国内外的名气和竞争力并不足以与国外部分知名品牌抗衡。要想扩大自身影响力，我国的高端体育用品企业应做到以下几点：一是完善企业文化，找出最能激发年轻人消费冲动的"卖点"，并将其作为品牌的核心竞争力；二是邀请体育明星或娱乐明星代言，同时赞助大型体育赛事，提高品牌的知名度；三是定期举办如"马拉松跑""亲子跑"等赛事推广活动，并通过微信、微博、运动类 APP 等渠道对活动进行宣传；四是与高端的电子品牌、美妆品牌、服装品牌等展开合作，将体育品牌思想融于时尚品牌中。

第六章　我国体育产业发展的拓展思考
——体育赛事新媒体转播权保护研究

第一节　体育赛事新媒体转播权概述

一、体育赛事新媒体转播权的界定

体育赛事转播权的销售或转让是知名赛事举办者或承办者获取经济报酬的重要手段，是维持相关赛事长期运营的关键。目前，在我国相关法律文件及条例中并没有对体育赛事转播权的概念及权利属性做出规定，因此，许多学者认为体育赛事转播权并非一项法定的权利，而是在我国体育赛事组织章程或相关协议约定的基础上产生的一项民事权利。为满足其法律保护需求，我国相关专家学者，结合著作权、邻接权等相关制度规定，对体育赛事转播权的概念进行了分析、界定。王言昭（2015）认为[①]，体育赛事转播权是体育组织或体育赛事主办单位在举办比赛和表演时，准许其利用电视台、电台、网络等媒体等对体育赛事节目进行实时直播、转播、录像，并从中获取相关报酬的权利。

体育赛事节目是指广播电台、电视台、网络等媒体播放的以体育赛事为基本内容的节目的统称。根据其保护客体的不同，我们将体育赛事节目分为以下两类。

（1）以体育赛事本身的现场直播或者转播为主，此类节目通常

---

① 王言昭. 新媒体背景下我国体育赛事转播权的保护研究［J］. 山东体育学院学报，2015（1）：30-33.

会附带相应的现场解说。

（2）在体育赛事之后，相关媒体机构以体育赛事画面为素材制作的赛事新闻报道、评论、赛事专访等节目。

新媒体是指借助计算机或具有计算机特征的数字设备，向用户提供信息和娱乐服务的一种传播形态，主要包括：①所有数字化的传统媒体；②网络媒体；③移动端媒体；④数字媒体；⑤数字报纸杂志等。

综合来看，体育赛事新媒体转播权是指：体育赛事组织者、体育赛事主办单位在举办体育比赛及表演时，准许他人或组织机构利用数字、网络技术，通过互联网、宽带局域网、电子计算机通信网、有线电视网、卫星等传播渠道对赛事节目进行实时直播、转播、录像，并从中获取一定报酬的权利。

二、体育赛事新媒体转播的主要特征

（一）体育赛事新媒体转播的优势

1. 在传播速度上：高速度、快更新

王相飞等（2015）认为[①]，新媒体传播与传统媒体之间最大的不同就是传播信息的数字化，它不受印刷、运输等外部条件的限制和影响，信息传播后的瞬间就可以使用户通过网络同步获取，这种传播方式具备了快速、方便、高效等特点。其次，新媒体传播可以通过互联网对信息事件进行实时报道和实况报道，大大提高了信息内容的更新速度。

2. 在传播内容上：信息量大、内容丰富且具人性化

互联网用户可以通过互联网络享受全球的信息资源，而其他媒体都不具有其类似规模的信息数量。与传统的报纸、电视、广播等媒体相比，新媒体大容量的优势还体现在它的专题报告和数据库中。

---

① 王相飞，陈蔚. 大型体育赛事新媒体转播权的开发［J］. 青年记者，2015（11）：72-73.

以报纸传播为例，在信息的传播过程中传播机构要考虑文字内容的多少、排版、印刷、发行等问题。而新媒体能够不限时间、不限数量地储存信息和传播信息。其次，传统媒体的传播内容往往是单一的文字、声音、图片等信息，而新媒体的传播融合了声音、图片、文字、视频等多种媒体形式，克服了传统媒体的障碍，使传播内容更具人性化，给用户带来了逼真而生动的感觉。

3. 在传播形式上：实现了双向传播及多项传播

传播方式更具互动色彩，信息互动是新媒体的根本特征。新媒体传播是一种交互性的传播方式。传统的传播方式是单一的传播和接收，传受双方无法进行实时沟通和交流。与传统媒体相比，新媒体具有较强的互动性特点，观看比赛的观众不仅可以与解说嘉宾进行实时交流，也可以根据自己的兴趣及爱好与相同群体进行随时随地的交流和讨论，大大提高了受众的参与热情。

4. 在接收方式上：由被动接收变为主动接收

传统媒体的传播者决定着受众群体获取相关信息的时间、地点以及内容。在时间上，传统媒体体现出了传播信息和接收信息的同步性，受众群体如果没有在规定的时间段接收到信息，那么信息就会被错过，在地理位置上，受众必须在一定的地点位置才能利用接收工具接收信息，接收地点具有固定性。而新媒体与传统媒体相反，受众群体可以根据自己的时间、地点及喜好，主动选择自己需要的信息内容，以满足自己的观赏需求，新媒体体现出了传播信息和接收信息两者之间的异步性。

5. 在传播边界上：实现了无障碍化、全球传播

与传统媒体相比，新媒体彻底打破了传统媒体的空间传播概念，对于新媒体传播来说真实的地理位置不存在了，城市与城市之间的限制不存在了，国家与国家之间的限制也不存在了，体育赛事的传播真正实现了无障碍化的全球传播，大大提升了体育比赛的收视率以及影响力。

（二）体育赛事新媒体转播的劣势

1. 侵权现象严重、不易控制

利用新媒体转播体育赛事的方式正在逐步得到发展。视频及文字资料的复制、转播、下载等也将会因为网络传播的无限性而变得更加容易、便捷，点击鼠标就能够随意地获取、转播、分享他人的作品，但是这些复制、转播和分享已经构成了新媒体转播的侵权。与传统媒体相比，新媒体转播侵权行为更具隐蔽性和便捷性。无限制地非法复制、下载、转播，已严重损害了持权转播机构的合法权益，网络侵权取证困难也将成为打击网络侵权的最大障碍。

2. 网络媒体报道时缺乏规范的语言

任何形式的传播都是以特定语言为基础的媒体传播，无论是以前的口头传述、文字记载，还是现代社会的广播、电视、网络等，在特定的时间、地点以及条件下，用规范的语言来阐述所要传播的内容和事实，是各媒体展现自身信息传播公信力的最佳方式。新媒体作为一种新兴的信息传播方式，其媒体报道也应该与传统媒体一样，利用规范的语言、严谨的态度去传播信息，否则就会造成网络传播的低俗化及娱乐化。与传统媒体相比，网络媒体在报道体育赛事信息时，语言的低俗化及娱乐化现象普遍严重，媒体机构常将某一技术动作或某一现象利用低俗的语言进行表达以此来博得观众的眼球，这种行为严重损害了媒体传播机构的职业形象。

3. 技术发展不够成熟

在技术方面，如何保证多媒体用户的信号稳定正常已成为现阶段相关部门面临的最大难题。例如，观众在观看视频时，高清视频画面与宽带之间的制约问题，手机屏幕太小、清晰度不够以及网速较慢的问题，移动网络费用价格高昂的问题等。在海量的网民同时上线时，宽带网络将面临重大的挑战，画面滞缓、电脑或手机终端卡顿等现象普遍存在。因此，多媒体转播与传统媒体转播还有很大的差距，不断提高技术水平已成为我国多媒体转播产业稳定发展的必然要求。

4. 专业及技术人才短缺

一个新兴产业的崛起离不开专业及技术人才的努力和付出。伴随着我国体育赛事产业的迅猛发展，体育赛事传播方式也在不断打破传统向多元化方向发展。媒体传播技术的日新月异，促使我国对高端管理人才、运营人才、技术开发人才以及新闻制作等方面人才的需求日益增大，人才短缺现象日益凸显。因此，吸收和培养高端管理人才、优秀技术人才以及具有创新能力的新媒体人才已成为我国现阶段体育赛事转播产业健康、良好发展的关键。

三、体育赛事新媒体转播权的权利主体、客体及权利内容

（一）我国对体育赛事新媒体转播权利归属的认定

体育赛事新媒体转播权的权利主体仅仅是指此项权利的持有者，与国家的财产所有权无关。在一场较高级别、较大影响力的体育比赛中，谁有权利将本场比赛的新媒体转播权出售或转让给第三方，谁就是本场比赛新媒体转播权的持有者，也就是体育赛事新媒体转播权的权利主体。一般情况下，体育赛事转播权包含体育赛事新媒体转播权的所有权利。

在我国，体育赛事转播权归体育组织者所有，体育组织者拥有对体育赛事进行商业开发的一切权利。《关于电视转播权管理有关问题的通知》中明确指出了体育比赛的电视转播权归比赛主办单位所有。国内众多学者对此认识也趋向一致，无较大分歧。因此，他们认为体育赛事组织者在体育赛事的组织和运营过程中投入了很大的人力和财力，体育组织者拥有体育赛事转播权是无可争议的事实。

目前来看，各国针对体育赛事转播权的主体认证都是从整体意义上而言的，但实际上体育赛事节目转播权和体育赛事本身的转播权是两种完全不同性质的权利，应从体育赛事节目和体育赛事转播权两个方面对其对应的主体进行分析更为合适。

体育赛事的权利主体，基本上都是体育比赛的举办方，同时也是参与体育比赛的管理方和实际参与者。因此，体育赛事新媒体转

播权的权利主体一般是指拥有使用、许可、收益及禁止权的体育赛事举办方或体育赛事组织者①。至于他们在转播体育赛事时的收益和授权分配原则，都是在达成的协议内确定和划分的。通常情况下，体育赛事的比赛信号是由主办方委托第三方进行制作，主办方会向第三方支付相应报酬并签署相关协议，主办方通过签署协议拥有体育赛事信号的全部权利。以奥运会为例，奥林匹克广播服务有限公司是奥委会营销机构中专门负责奥运会广播电视转播权转让问题的机构，根据国际奥委会要求，每一个举办奥运会的城市都要成立奥运转播公司，并由其来负责奥运会期间有关奥运赛事转播销售的所有问题。根据相关协议，针对体育赛事转播信号，信号录制团队仅有获取相关报酬的权利，国际奥委会拥有对体育赛事转播信号的所有权利，即体育赛事新媒体转播权归国际奥委会持有，国际奥委会是体育赛事新媒体转播权的唯一权利主体。

体育赛事节目的著作权主体往往对应的是获得授权的新媒体、电视等媒体转播机构。目前体育赛事转播信号的制作基本上是采用制播分离的方式进行销售。各电视、新媒体等媒体机构通过奥林匹克广播服务有限公司购买奥运会比赛的转播权，各媒体机构将通过购买的体育比赛信号获取体育比赛现场视频画面，然后以视频画面为依托进行编排、制作，最后通过媒体平台向大众播放。由此我们可以看出，体育赛事节目的主体不是从事节目播放的技术人员，而是决定节目何时播放、确定播放时期和播放时间的媒体转播机构。

（二）体育赛事新媒体转播权的权利客体

由于体育赛事新媒体转播权与体育赛事节目的主体不同，所以其对应的客体也不尽相同。从权利的角度上来看，体育赛事新媒体转播权的客体指的是体育组织者或者体育联赛举办的各种体育比赛，许多学者对此做过研究，在此不再多谈。体育赛事节目主要是新媒

---

① 张玉超. 我国体育产业知识产权保护与开发研究［M］. 徐州：中国矿业大学出版社，2020：89.

体授权转播机构和许可转播机构经新媒体转播平台进行的直播、转播、点播的信号，包括体育比赛的画面、视频集锦、图片文字等。

（三）体育赛事新媒体转播权的权利内容

体育赛事新媒体转播权的权利内容指的是权利人对其所享有的各项具体权利的总称。在探讨新媒体转播权的权利内容时我们将从体育赛事组织者或主办方和新媒体持权转播机构的权利内容两个方面进行探讨。

体育赛事主办方或组织者所享有的体育赛事转播权的权利主要包括以下几个方面：①体育赛事信息以及体育赛事资源的发布权，即体育赛事组织者或主办单位拥有通过电视、网络等媒体对体育赛事进行新闻发布的权利；②发布体育赛事宣传信息的权利，即体育赛事组织者或主办方拥有通过新媒体等机构对体育赛事信息进行宣传的权利；③体育赛事转播权的市场开发权，通常情况下主要包括体育赛事的直播、录制、复播及转让，以及引进赞助商和赛事衍生品营销的权利；④禁止权，体育赛事组织者或主办单位拥有禁止其未授权的电视、新媒体等传播机构私自转播权的权利；⑤拥有对体育赛事相关数据的获取权和使用权，即体育赛事主办方或组织拥有与比赛和运动成绩等相关数据的使用权；⑥涉及体育赛事的其他权利，如体育赛事的组织、开发、转播、录制、展示、复制、获取或散发等。

新媒体持权转播机构拥有体育赛事转播权的权利内容主要有以下几个方面：①独家直播、点播和转播权，即持权转播机构在规定的时间和区域内对合法使用的体育赛事转播信号拥有独家直播、点播和转播的权利；②体育赛事转播信号的分销权，即持权转播机构在合同允许的情况下在规定的时间和区域内拥有对体育赛事转播信号进行全部或者部分转让或销售的权利；③体育赛事新闻报道权，即持权转播机构拥有在体育比赛期间可在其媒体覆盖领域报道体育比赛前后发生的一些重大文化活动以及相关新闻信息的权利；④体育赛事标志、荣誉称号以及无形资产的使用权；⑤体育赛事网络视频广告招商的开发权、收益权，即持权转播机构拥有网络视频广告招商的权利及获取相应报酬的权利；⑥修改权，即持权转播机构在获取体育赛事转播信号后，可以依据自身的实际情况及需求对信号进行重新编制和修改。例如，持权转播机构可根据比赛内容在比赛视频内加入专家解说、比赛运动员的基本情况、精彩镜头的回放和慢放以及相关比赛的数据统计等，然后再通过自身平台将赛事节目转播出去，以此来满足大众需求；⑦复制权，即持权转播机构拥有将体育赛事视频制作成一份或者多份的权利；⑧禁止权，即持权转播机构有权禁止未经许可的媒体机构擅自转播和链接网络平台的权利；⑨与著作权主体相关的其他权利。

第二节　体育赛事新媒体转播权的侵权行为及侵权救济

一、体育赛事新媒体转播权的法律属性研究

目前，针对体育赛事新媒体转播权法律性质的研究大多是在体育赛事转播权的研究基础上进行的。以下将从体育赛事转播权本身和体育赛事节目两个方面对体育赛事新媒体转播权的法律属性进行研究和分析。

（一）国内对体育赛事转播权法律属性的研究

体育产业发展较为发达的国家对体育赛事转播权的认识先后经历了赛场准入权说、娱乐服务提供说等理论学说。但在相关法律中并没有对体育赛事转播权的法律性质、权利内容、权利主体及客体进行明确界定。随着我国体育产业的不断壮大以及互联网水平的不断提升，体育赛事转播权作为体育比赛举办方的重要经济来源，其侵权事件也在不断出现。针对体育赛事转播权的侵权行为，相关学者的观点主要分为以下几种。

1. 著作权说

在国内对于体育赛事转播权是否能够受到著作权保护，主要存

在以下三种观点：第一，肯定学说。此观点认为：运动竞赛表演具有智力性、思想性、艺术性及可固定性，是体育的重要智力成果，具有作品的属性。虽然《中华人民共和国著作权法》中没有明确指出运动竞赛表演属于著作权法的保护范畴，但相对于体能类项目而言，运动竞赛的动作设计和舞蹈表演的动作设计一样，具有一定的创作性，且具有可复制性，因此应当受到著作权法的保护。第二，否定学说。此观点认为：体育比赛或者竞赛活动展示的是运动员的运动力量及技巧，不是以展示文学艺术或科学美感为主要目标，不属于文艺以及科学领域内的智力成果。因此，体育比赛不属于著作权法的保护范畴。第三，表演者权说。此观点认为：体育赛事转播权属于著作权中的表演者权，受邻接权的保护。表演者权指的是表演者对文学、音乐、舞蹈等艺术作品的表演所具有的专有权利。一些学者认为，表演者可以扩展到表演单位、表演的组织者。运动竞赛表演是运动员、教练员以及赛事组织者的共同劳动成果，应该属于邻接权意义上的表演者权，只是这种权利归体育赛事组织者统一行使。

2. 商品化权说

所谓的商品化权，是指将智力劳动与具有一定影响力的载体结合在一起，经传播使其产生并满足一定的消费需求，从而获得商业化使用的权利。随着竞技体育的不断发展，知名度及关注度的不断提升，体育赛事转播权和其他商品一样，开始逐渐展露出自身的商业价值。鉴于体育赛事转播权是伴随着体育赛事商业化运作而产生的一种新型权利，可以认为体育赛事转播权是体育活动商业化的产物，因此可以将其视为商品化权。胡峰等（2006）认为体育赛事转播权作为一种"形象公开权"，它符合商品化权的三个特征，因此将体育赛事转播权归化到商品化权更为合理。商品化权并非传统意义上的知识产权，因为它不但是一种无形财产权，而且还强调了一定智力劳动的投入，以及商品化要素中所必需的影响力和知名度。国内大部分学者将体育赛事转播权看作是一种商品化权的主要原因如下：①体育比赛的组织与运作耗费了赛事组织者大量的智力和财力；②高品质、高质量的体育赛事影响力激发了大众的消费潜力，并满足了消费者的消费需求；③高品质、高影响力的体育比赛决定了体育赛事转播权的转让费用；④赋予其商品化权能更好地保障权利主体的合法权益，排除第三方的非法侵害。商品化权作为我国一种新型权利，目前还处于理论讨论阶段，在实践中能否将体育赛事转播权归化为商品化权还有待进一步考证。

3. 契约权说

持契约权说观点的学者认为，体育赛事转播权的权益归属在我国并没有法律法规予以规定，大多数情况下都是根据体育赛事主办单位或者组织者与体育赛事转播机构签订的协议或赛事章程的约定。他们认为，体育赛事转播权是在契约的基础上形成的一种民事权利。随着互联网的快速发展，契约权说的弊端开始逐渐显现，合同权是一种相对的权利，奥运会赛事章程也无法约束不特定的其他人。在信息网络高度发达的时代，人们可以随时利用自身的移动设备对体育比赛画面进行拍照、录像并转播，这种行为将给体育赛事转播权的保护带来严重的影响。因此，大多数人认为契约权说只是从实践方面对体育赛事转播权进行了把握，并不能全面约束体育赛事的转播行为。

体育赛事是客观发生的，既不能事先设计，也不能对结果进行确定，其具有唯一性和不可复制性，最终能否将其纳入契约权、商品化权、表演者权等权利保护范畴，还存在争议，尚不明确。

总之，从体育赛事转播权本身来说，国内大部分学者认为体育赛事是客观发生的，其过程的不可复制性以及结果的不可预知性使之很难受到著作权法的保护。按照竞技能力的主导因素可以将体育赛事项目划分为体能主导类项群和技能主导类项群两大类。其中，技能主导类项群主要包含表现难美性、表现准确性及对抗性。动作难度的价值是表现难美性项目与体能主导类项目及其他技能主导类项目之间的最大区别，如增加翻转的圈数以及翻转的角度；减少高难度动作前的预备动作以此来增加动作的难度系数及观赏性；发展新动作类型、强调动作质量及艺术修养等。《中华人民共和国著作权法》第三条规定："本法所称的作品，包括以下列形式创作的文学、艺术和自然科学、社会科学、工程技术等作品：（一）文字作品；（二）口述作品；（三）音乐、戏剧、曲艺、舞蹈、杂技艺术作品；（四）美术、建筑作品；（五）摄影作品；（六）视听作品；（七）工程设计图、产品设计图、地图、示意图等图形作品和模型作品；（八）计算机软件；（九）符合作品特征的其他智力成果。"因此，可以认为：像艺术体操、花样滑冰等难美项群类运动项目是在教练员、运动员、乐师、摄影师等工作团队共同努力和艰苦奋斗的情况下完成的，它凝聚着多方人员的智慧和汗水，是集艺术特征及体育竞技特征于一身的运动项目类群，它应该被纳入著作权法的保护客体范畴，并给予高度重视①。其次，体育赛事的举办耗费了举办者大量的人力、物力、财力，根据"谁投资、谁受益"的原则，我国应将难美性项目以外的体育赛事纳入商品化权的保护范畴，给予举办者或举办单位应有的权益，以此促进我国体育赛事产业的可持续发展。

（二）国内对体育赛事节目法律属性的认定

随着社会的不断发展，人们对体育的需求量也在不断增加，体育事业的产业机构也在不断得到完善和发展，体育赛事转播权作为我国体育赛事产业的发展重心，其作用和价值已逐步开始得到凸显，为满足我国体育赛事产业健康发展的需求，我国理论界及实践界的相关专家针对体育赛事转播权的法律属性做出了详细阐述。在此之前，我国体育界往往将体育赛事节目版权和体育赛事转播权画上等号，实际上这是两种不同性质且非常容易混淆的权利，因此，我国学者从体育赛事节目和体育赛事本身的转播权两个方面对体育赛事转播权的法律属性进行了详细分析和概述。迄今为止，我国绝大多

---

① 张玉超. 我国体育产业知识产权保护与开发研究［M］. 徐州：中国矿业大学出版社，2020：83-84.

数学者对体育赛事节目的法律性质认同基本趋于一致，认为体育赛事节目通常融入解说、字幕、采访、镜头回放或者特写等，且可以以某种有形的形式固定下来，根据其独创性的高低可能构成作品或者制品，只是在把体育赛事节目纳为"作品"还是"制品"的问题上还存在较大分歧，但体育赛事受到《中华人民共和国著作权法》的保护已经是毋庸置疑的。

从体育赛事节目来说，虽然体育赛事节目是在体育比赛直播的基础上录制的，但在录制的过程中因其受直播环境、人物、事件及其他客观因素的影响，录制人员在比赛镜头画面的切换与组接、图文字幕的准确和简介、战术回放分析和特效渲染、赛事数据的即时统计和比较、赛事声音的协调和搭配以及赛后花絮的剪辑和制作等内容的编排与设计中均反映出了创作者独特的安排和个性化选择[①]。

随着网络技术的高速发展，电视直播技术以及体育赛事节目制作的思路也在不断变化和革新，机械地记录比赛过程的方法已逐步被体育赛事节目制作团队所摒弃，在录制节目的过程中加入自身对体育比赛的理解和表达已成为现代体育赛事节目制作团队制作体育赛事节目的重点和关键。由此我们可以看出，体育赛事节目可以被设计、编排和糅杂进主观情感进行表现，它的录制方法与影视作品的创作及摄制方法相比已相差不大，体育赛事节目的影视戏剧特征也在日益明显。其次，在体育赛事节目的编排、制作、播放过程中相关部门投入了大量的人力、财力、物力，在购买体育赛事转播权的过程中更是投入了巨额资金，如果不对体育赛事节目信号进行产权界定并加以保护，放任他人未经许可擅自以营利为目的地使用体育赛事节目信号，直接损害相关权利主体的合法权益，势必大大削弱组织者的积极性，使组织者减少对体育赛事节目制作的投资。因此，我们应将体育赛事节目看作是以类似电影的方式创作的作品，

---

① 张玉超．我国体育产业知识产权保护与开发研究［M］．徐州：中国矿业大学出版社，2020：86.

将其纳入《中华人民共和国著作权法》的保护范畴，加大对体育赛事节目的重视程度和保护力度，鼓励、促进我国体育赛事产业的快速发展。

二、体育赛事新媒体转播权的侵权形式

在新媒体产业快速发展的过程中，由于技术水平的相对落后、相关法律法规的缺失，造成了我国网络侵权现象日益严重，著作权的保护难度逐步增大。通过分析以往的侵权案例发现，我国体育赛事新媒体转播权的侵权行为主要表现在非授权网站擅自转播比赛视频、擅自为公众提供相关赛事的链接或点播服务、个人用户擅自上传赛事信息的行为等。

（一）非授权网站为公众提供搜索、链接服务的侵权行为

《信息网络传播权保护条例》第二十三条规定："网络服务提供者为服务对象提供搜索或者链接服务，在接到权利人的通知书后，根据本条例规定断开与侵权的作品、表演、录音录像制品的链接的，不承担赔偿责任；但是，明知或者应知所链接的作品、表演、录音录像制品侵权的，应当承担共同侵权责任。"《中华人民共和国侵权责任法》第三十六条规定："网络用户、网络服务提供者利用网络侵害他人民事权益的，应当承担侵权责任。网络用户利用网络服务实施侵权行为的，被侵权人有权通知网络服务提供者采取删除、屏蔽、断开链接等必要措施。网络服务提供者接到通知后未及时采取必要措施的，对损害的扩大部分与该网络用户承担连带责任。网络服务提供者知道网络用户利用其网络服务侵害他人民事权益，未采取必要措施的，与该网络用户承担连带责任。"由此可知，搜索、链接服务提供行为并不能构成直接侵权行为，只能将其视为起帮助作用的共同侵权行为。在实践中，对于搜索、链接服务造成侵权行为的性质认定上一直存在分歧。在我国众多体育赛事节目侵权案例中，绝大多数法院都将未经授权私自为公众提供涉案赛事节目的搜索、链接服务行为视为不正当竞争行为。

（二）非授权网站为公众提供实时转播的侵权行为

在各国的法律体系中并没有明确规定体育比赛拥有版权或者著作权，包括我国在内的绝大部分大陆系国家在内也都没有明确指出体育比赛本身存在某种权利，这其中包括体育比赛的转播权。在实际操作的过程中，虽然大多数国家在对非授权转播行为的性质划分上存在较大分歧，但对依法保护持权转播商合法权利的观点上趋向一致。国际奥委会拥有奥运会所有比赛的转播权和处分权，任何媒体机构在未经国际奥委会授权的情况下擅自转播奥运比赛的行为均属侵权行为，均应追究其法律责任。持权转播商的合法权利是在国际奥委会及组委会认可的前提下，与其签订合同并支付一定费用的基础上产生的。因此，我们认为奥运会转播权及其他知名赛事转播权在更多的情况下是一项合同权利和商业权利。在我国以往的体育赛事转播侵权案例中，法院大多数情况下仅把以上侵权行为视为不正当竞争，对于原告主张的著作权权利一般不予支持，一些法院认为其创作水平达到作品水平的体育赛事节目除外。

（三）非授权网站为公众提供点播的侵权行为

点播服务是一种新型的媒体传播方式，是计算机技术、网络通信技术、数字压缩技术等多领域融合的产物。点播服务是指根据用户需求播放节目的视频点播系统，它会根据用户的请求把用户所选取的或者所点击的视频文件直接传递给用户，从根本上改变了过去观众被动收看电视节目的不足。非授权网站提供的体育赛事节目点播服务是指大众可以通过其网站利用手机、电脑等工具随时随地观看体育赛事节目的行为。法院一般认为，在未经许可的情况下擅自向公众提供点播服务行为的情节较为严重，行为目的较为明显，应当依照《中华人民共和国著作权法》相关规定进行处罚。

（四）个人用户擅自上传赛事信息的侵权行为

以往体育赛事画面或者信息都是经由电视媒体等商业机构进行传播，在互联网高度发展的当代，个人用户变成了同商业机构类似的体育赛事转播主体。例如，个人用户利用手机、DV 拍摄视频上传至网络；教练员、运动员、裁判员等参与人员在博客中播放自己所参与的比赛视频或图片等。对于这种网络用户在未经许可的情况下私自利用网络侵害他人民事权益的行为，相关人员应当承担相应的侵权责任。

三、体育赛事新媒体转播权侵权的救济措施

法理学中法律救济指的是权利主体的合法权益受到他人或者组织非法侵害时，是为弥补、恢复或者补救权利人合法权益所制定的一种法律制度，是有关国家机关受理和做出的具有法律效力的某种活动。通常来说，我国网络版权侵权法律救济途径主要分为以下四个方面：①协商调解；②民事救济；③行政救济；④刑事救济。四种救济方式相辅相成、相互依存，并非相互排斥、相互独立的。体育赛事新媒体转播权的侵权行为以及各项侵权行为应该承担何种责任等相关的要求、规定均未在《中华人民共和国体育法》及其他相关法律体系中得到明确体现。因此，可以认为，视侵权行为的种类和性质情节的不同，体育赛事新媒体转播权侵权行为的相关法律救济措施或者是手段应包含协商调解、民事救济、行政救济和刑事救济四种。

（一）协商调解

协商调解是指双方当事人在相互谅解的基础上依据国家法律条例及社会公德，通过摆事实、讲道理促使双方达成和解协议，自行解决矛盾纠纷的一种方法及途径。根据调解主体和矛盾性质的不同，可以选择仲裁调解、法院调解或行政调解等方式进行。协商调解与其他解决方式相比，省时、省力、省财，并且能够有效防止经济损失的进一步扩大，利于双方团结，可以增强双方当事人之间的往来。因此，在解决新媒体侵权纠纷过程中，双方当事人一般根据侵权性质的严重程度及行为过失来考虑救济方式，但在尽可能的情况下，都是通过协商途径解决的。

（二）民事救济

我国《中华人民共和国民法典》《中华人民共和国著作权法》《最高人民法院关于审理涉及计算机网络著作权纠纷案件适用法律若干问题的解释》等法律法规中对侵犯网络作品著作权及邻接权的法律责任、赔偿责任、法律适用等问题做了明确规定。《信息网络传播权保护条例》中也有关于网络侵权的相关民事救济规定。《中华人民共和国民法典》《中华人民共和国著作权法》《信息网络传播权保护条例》中规定的民事救济措施主要包括：①停止侵害；②消除危险；③排除妨碍；④消除影响、恢复名誉；⑤赔礼道歉；⑥赔偿损失。根据以往的相关侵权纠纷案例判决可以看出，我国体育赛事新媒体转播侵权的民事救济方式主要体现在停止侵害、赔偿损失、赔礼道歉三个方面。停止侵权是指网络服务提供者在接到权利人通知后应移除、删除涉案作品或者停止相关接入服务的提供。赔偿损失是指权利人有权获得赔偿，赔偿金额由侵权人所造成的实际损失来计算。赔礼道歉是指侵权人针对自己的侵权行为向权利人发出的道歉声明，道歉声明一般是发在侵权人的侵权网页上面，并要有一段时间的保留。针对我国体育赛事新媒体转播的侵权现象，我国相关部门应加大对侵权网站以及侵权机构的民事处罚力度，震慑侵权者的侵权行为，遏制侵权事件的发生。《中华人民共和国民法典》《中华人民共和国著作权法》《信息网络传播权保护条例》中规定的民事救济措施均适用于体育赛事新媒体侵权纠纷案例。

（三）行政救济

随着网络技术的飞速发展，作品的使用范围正在日益扩大，使用方式也在日益多样化，版权人没有足够的时间和精力去了解自己的作品在何时何地被使用，造成网络侵权现象日益泛滥，仅靠法院来处理类似的纠纷事件略显不足，因此，大多数国家允许国家行政部门或者法律授权的裁判组织来处理类似的纠纷事件。随着我国网络版权侵权行政救济政策的不断涌现，体育赛事产业相关管理部门应加大对我国体育赛事新媒体转播权的保护，体育赛事新媒体持权转播机构也应联合对那些未经授权擅自转播赛事节目以及播出授权范围以外内容的媒体机构进行重点监控，对拥有不良传播记录的媒体单位由广电总局网络监管中心给予及时通报或警告，对损害社会公共利益的媒体机构由行政管理部门责令停止侵权，并给予罚款。

（四）刑事救济

对于侵犯版权或者邻接权行为的，大多数国家规定了刑事诉讼程序和制裁措施。对于侵权行为主观方面的构成要素，大多数国家都强调只有在故意为之的情况下才构成犯罪。例如，日本、美国规定只有在行为人知道或者有足够理由认为其侵权行为是有意而为之的情况下才构成犯罪，无意识侵权或过失犯罪一般不承担刑事责任。《中华人民共和国刑法》对侵犯版权、邻接权的犯罪行为及刑事责任做出了相关规定。《中华人民共和国著作权法》中有有关侵权行为刑事制裁的相关条例，并详细列举了构成犯罪的八种侵权事实，对于构成犯罪的侵权行为，相关部门将追究其刑事责任。从我国以上刑事处罚来看，加重对侵权行为的惩罚程度已成为将来发展的一种趋势。因此，在体育比赛期间，相关管理部门应联合行动、紧密合作，及时有效地遏制盗播现象，对于情节严重的应给予刑事拘留或监禁并给予罚款。

第三节　我国体育赛事新媒体转播权的保护策略

一、我国体育赛事新媒体转播权的法律保护现状分析

（一）《中华人民共和国体育法》的相关规定及评价

我国现行《体育法》共设八个章节五十四条，无体育赛事新媒体转播权或体育赛事转播权的任何规定，仅第三十四条涉及我国体育产业知识产权的保护。第三十四条规定："在中国境内举办的重大

体育竞赛，其名称、徽记、旗帜及吉祥物等标志按照国家有关规定予以保护。"针对上述的"有关规定"我国并没有相关司法条例给予明确解释，导致我国体育赛事新媒体转播权保护在体育法中处于无章可循、无法可依的尴尬局面。

2022 年 4 月 18 日，体育法修订草案二审稿提请十三届全国人大常委会第三十四次会议审议。此次修订在一定程度上体现了体育事业发展的时代性，特别是草案增设"体育产业"专章，通过完善相关法律制度，更好地促进和规范体育产业发展。

（二）《中华人民共和国著作权法》的相关规定及评价

新《著作权法》自 2021 年 6 月 1 日起正式施行，体育赛事节目直播、短视频等视听作品被全面纳入新法保护，同时新法大幅提高侵权违法成本，将赔偿上限提升 10 倍，为著作权人，包括体育赛事节目著作权人维护自身合法权益进一步"撑腰"。

著作权保护的对象是文学艺术和科学作品。《著作权法实施条例》第二条规定："著作权法所称作品，是指文学、艺术和科学领域内具有独创性并能以某种有形形式复制的智力成果。"《中华人民共和国著作权法》第三条规定："本法所称的作品，包括以下列形式创作的文学、艺术和自然科学、社会科学、工程技术等作品：（一）文字作品；（二）口述作品；（三）音乐、戏剧、曲艺、舞蹈、杂技艺术作品；（四）美术、建筑作品；（五）摄影作品；（六）视听作品；（七）工程设计图、产品设计图、地图、示意图等图形作品和模型作品；（八）计算机软件；（九）符合作品特征的其他智力成果。"我国大部分学者对体育赛事转播权的保护还存在较大争议，但对体育赛事节目的法律保护却趋向一致。他们认为，体育赛事节目应属于《中华人民共和国著作权法》保护的范畴，只是在把体育赛事节目视为"作品"还是"制品"的问题上还存在较大分歧。由以上相关规定可以看出，虽然一些司法机关在处理相关的侵权案例时会把著作权和邻接权作为案例的判决依据，但多数是以兜底条款论处。从体育赛事新媒体转播权对我国体育赛事产业的重要性和特殊性来说，以兜底条款作为相关纠纷案例的判决依据显得有些无力和牵强。

（三）《中华人民共和国民法典》的相关规定及评价

2020 年 5 月 28 日，十三届全国人大三次会议表决通过了《中华人民共和国民法典》，自 2021 年 1 月 1 日起施行。《中华人民共和国民法典》共 7 编、1260 条，对公民的人身权、财产权、人格权等做出明确翔实的规定，并规定侵权责任，明确了权利受到削弱、减损、侵害时的请求权和救济权等，体现了对人民权利的充分保障。

《中华人民共和国民法典》是保护我国法人或公民合法民事权益，是处理和调节公民、法人之间民事关系的权威法律，在第一编总则中可以体现。在体育赛事转播权侵权案例中可以把《中华人民共和国民法典》第一百二十条、第一百二十三条和第一百七十六条作为体育赛事节目的法律保护依据。《中华人民共和国民法典》第一编总则，第一百二十条规定："民事权益受到侵害的，被侵权人有权请求侵权人承担侵权责任。"第一百二十三条规定："民事主体依法享有知识产权。知识产权是权利人依法就下列客体享有的专有的权利：（一）作品；（二）发明、实用新型、外观设计；（三）商标；（四）地理标志；（五）商业秘密；（六）集成电路布图设计；（七）植物新品种；（八）法律规定的其他客体。"第一百七十六条规定："民事主体依照法律规定或者按照当事人约定，履行民事义务，承担民事责任。"体育赛事转播权的权利人在行使权利或进行权利利益划分时，应遵循诚实守信、公平公正、自由的原则。民法典第一编总则，对民事权利、民事责任进行了规定，对民事主体之间欠缺相应的民事规范进行处理和调节，确保民事活动的公平公正。因此，《中华人民共和国民法典》成为我国现阶段体育赛事转播权案例判决中应用的法律之一。

《中华人民共和国民法典》也是调整平等主体之间的交易关系的法律，在第三编合同中可以体现。从现有资料来看，国内外的体育赛事新媒体转播权的交易基本上都是以签约合同的方式实现的，体育赛事新媒体转播合同是体育赛事转播交易中明确双方权利关系的重要文件。《中华人民共和国民法典》第三编合同，第四百六十五条规定："依法成立的合同，受法律保护。依法成立的合同，仅对当事人具有法律约束力，但是法律另有规定的除外。"鉴于目前我国体育赛事新媒体转播权的法律性质及权利归属尚不清晰，调整体育活动的主体法律《中华人民共和国体育法》也没有对体育赛事转播权或者体育赛事新媒体转播权做出任何明确规定，《中华人民共和国民法典》成为调整和规制我国体育赛事转播权或新媒体转播权交易的重要途径和方法。从众多赛事纠纷案例中可以看出，体育赛事转播权的交易合同成为法院判决的核心法律依据。

（四）《中华人民共和国反不正当竞争法》的相关规定及评价

《中华人民共和国反不正当竞争法》对知识产权具有兜底保护的功能。《中华人民共和国反不正当竞争法》第二条规定："经营者在生产经营活动中，应当遵循自愿、平等、公平、诚信的原则，遵守法律和商业道德。本法所称的不正当竞争行为，是指经营者在生产经营活动中，违反本法规定，扰乱市场竞争秩序，损害其他经营者或者消费者的合法权益的行为。本法所称的经营者，是指从事商品生产、经营或者提供服务（以下所称商品包括服务）的自然人、法人和非法人组织。"在相关案例判决中《中华人民共和国反不正当竞争法》仅仅扮演着兜底的角色，其作用和效果都无法满足我国体育赛事新媒体转播权现阶段的交易需求。

（五）《中华人民共和国刑法》的相关规定及评价

《中华人民共和国刑法》是建立在权利人著作权成立的基础上的，我国体育赛事转播的权利属性尚未明确，因此，在以往的体育赛事转播侵权案例中，法院一直未有根据《中华人民共和国刑法》处罚的先例。

二、我国体育赛事新媒体转播权法律保护制度存在的缺陷

（一）体育赛事新媒体转播权立法尚属空白

体育赛事转播权作为一种新型的无形财产权，并没有得到我国相关法律的确认和重视。纵观我国所有相关法律文件，"体育赛事转播权""转播权""体育赛事新媒体转播权"等名词均没有在我国的法律文件中得到体现，也没有任何一项法律对体育赛事转播权或体育赛事新媒体转播权做出详细的条文规定。从严格意义上来说，"体育赛事转播权"并非是一个法律概念。"转播权"在我国法律体系中尚属空白。《中华人民共和国刑法》第二百一十七条和第二百一十八条有关侵权问题的规定尚不能应用到我国体育赛事新媒体转播权的保护中，因为以上侵权规定是建立在著作权成立基础上的，《中华人民共和国著作权法》以及一些知识产权的国际条约并没有将"体育赛事新媒体转播权"作为一项新型的知识产权纳入我国著作权法的保护范畴。在现阶段，我国体育赛事新媒体转播权受到侵害时无法适用《中华人民共和国体育法》《中华人民共和国著作权法》《中华人民共和国刑法》等相关知识产权法律文件。

在体育赛事新媒体转播权的转让实践中以及侵权纠纷案件处理中可适用的法律只有《中华人民共和国民法典》和《中华人民共和国反不正当竞争法》中的部分兜底条款。我国国家体育总局作为我国体育产业的主管部门，为调整和规范我国体育赛事产业的发展，也曾先后出台过针对我国体育赛事转播的通知，但是这类通知文件的法律效力普遍较低，而且具较强的行政干预色彩。

（二）体育赛事新媒体转播权的权利归属尚未明确

各国对体育赛事新媒体转播权法律属性的界定尚未达成统一意见，因此在体育赛事新媒体转播权的权利主体、客体以及权力内容的规定上，各国的观点也不尽相同。有的国家认为体育赛事新媒体转播权的权利主体为体育赛事组织者，有的国家认为体育赛事新媒

体转播权的权利主体为运动员或者俱乐部，有的国家认为体育赛事新媒体转播权的权利主体为体育协会或体育联盟，还有的国家认为体育赛事新媒体转播权的权利主体应该为体育赛事组织者和参加比赛者，而我国习惯上认为体育赛事新媒体转播权的权利主体为体育赛事组织者。但各国对体育赛事转播权的权利属性认定都是从整体意义上考虑的，体育赛事节目和体育赛事转播权作为两种性质不同的权利，其权利主体、客体以及权利内容也不尽相同。由于其权利属性的模糊不清，导致我国体育赛事侵权事件频繁发生，相关权利主体在维护自己合法权益时屡屡受挫。我国对体育赛事新媒体转播权权利属性的认定迫在眉睫，因为相关权利主体、客体以及权利内容的明确界定将成为我国判决体育赛事转播纠纷案件的关键所在。

（三）体育赛事新媒体转播权侵权保护机制尚未完善

随着互联网技术的蓬勃发展，利用互联网传播体育赛事已成为现阶段绝大多数媒体机构的首选。伴随着体育赛事新媒体传播的兴起，网络侵权问题随之而生，带来了体育赛事新媒体转播权保护的问题。

2008年北京奥运会期间，我国打击未经授权擅自传播奥运会赛事的行为得到国际奥委会的高度评价及众多国家的一致好评；2022年北京冬奥会期间，国家版权局会同网信办等6部门也成立了冬奥会反盗版工作组，但是未经授权擅自转播体育赛事节目的现象仍是屡禁不止。在互联网高速发展的时代，网民可以通过网络转播或直播平台观看或下载体育赛事节目。为保护我国体育赛事新媒体转播权相关权利人的合法利益，改善体育赛事新媒体转播的转播环境，遏制我国赛事转播网络侵权行为的发生，我国相关部门颁布了一系列的规章制度。但这些规定仅仅只是行政规章及部门规章，法律效力较低，适应范围相对狭窄，无法从根本上遏制网络侵权现象的发生。其次，我国现有的体育赛事新媒体侵权保护制度多数是事后救济机制，严重缺乏体育赛事新媒体转播权侵权的预防机制。我国绝大多数网站上的体育赛事信息资源是通过盗播体育赛事信号实现的，但是法院却没有充分法律依据进行打击和规制，仅仅依据一些兜底条款对其侵权行为进行规制，惩罚力度较弱，致使网络侵权现象日益严重，暴露出我国体育赛事新媒体转播权侵权保护机制的立法漏洞。

三、我国体育赛事新媒体转播权的保护措施

（一）健全和完善我国体育赛事新媒体转播权的法律体系

1. 将体育赛事新媒体转播权纳入法律保护范畴

将体育赛事新媒体转播权作为一项新型的知识产权进行重点保护。在体育赛事新媒体转播权的问题上，现阶段我国主要依靠行政规章、政府部门出台的规范文件、地方性的法规文件以及相关法律文件的兜底条款进行处理。在体育赛事新媒体转播权的权利归属、权利内容、权利许可、权利转让以及侵权责任划分等重要问题上，我国一直缺乏高层的法律文件进行明确规定。因此，应将体育赛事新媒体转播权确定为一项绝对权，并明确规定其权利的法律性质、权利归属、适用范围、授权转让和侵权处理等问题，形成以《中华人民共和国体育法》为主体，以《中华人民共和国民法典》《中华人民共和国反不正当竞争法》以及政府部门规章制度为辅助的法律保护体系，全面利用法律手段来调整、规范我国体育赛事转播行为及转播秩序。例如，在体育法中新增规定：体育赛事节目制作同影视作品和艺术作品一样，具有独创性及可复制性。

2. 进一步完善著作权法

对著作权法进行修改，扩充广播组织权的权利内容，将体育赛事新媒体转播权纳入广播组织权的保护范畴。从我国现有的广播组织权利内容可以看出，此权利仅能限制未经许可以无线方式传播他人电视节目信号的行为，权利保护范围较为狭窄，严重影响了对我国广播电台以及电视信号的保护。对广播组织权的内容进行修改，将体育赛事新媒体转播权纳入广播组织权的保护范畴，将会彻底弥补我国在互联网上的侵权漏洞，法院在对其类似侵权案例进行判决

时也无须再依据《中华人民共和国著作权法》中的兜底条款对网络盗播行为进行规制和处理。

3. 将体育赛事新媒体转播权纳入录音录像制作者权的保护范畴

《中华人民共和国著作权法》第四十四条规定："录音录像制作者对其制作的录音录像制品，享有许可他人复制、发行、出租、通过信息网络向公众传播并获得报酬的权利；权利的保护期为五十年，截止于该制品首次制作完成后第五十年的 12 月 31 日。"从许可电视台播放来讲，此项权利并不涵盖网络转播行为，作为体育赛事节目的制作权利人无法利用此项条款来明确自己的合法权利，也无法利用此项条款阻止、规制他人未经许可擅自经过网络转播体育赛事节目的行为。因此，应扩充录音录像制作者权的权利内容，这样就拥有了控制其作品以任何形式进行转播的权利。

4. 将体育赛事节目纳入作品的范畴

依据体育赛事节目可复制性及创造性的特点，可以将其纳入作品的范畴。例如，将体育赛事节目归纳到以电影作品或以类似摄制电影的方法创作的作品这一条里。依据艺术体操、花样滑冰等难美类项群竞技项目具有的创造性智力劳动的特点，将其创造性的难美类项群竞技项目纳入音乐、戏剧、曲艺、舞蹈、杂技艺术作品。这样不仅确立了体育赛事节目及难美类项群竞技项目属于著作权法的范畴，也将使我国体育赛事节目的侵权泛滥现象得到有效遏制。

5. 制定体育赛事新媒体转播权保护及实施条例

体育赛事产业是我国体育产业的重要组成部分，每年我国都会举办许多体育赛事，包括马拉松赛事、大型综合赛事、单项赛事等，体育赛事转播权的销售成为各种赛事的重要经济来源。因此，出台体育赛事新媒体转播权保护及实施条例已是大势所趋。这项条例的内容应该包含体育赛事新媒体转播权的法律属性、权利性质、权利主体及客体、权利的内容、权利的流转、权利的内涵和延伸以及侵权保护等。在条例的制定过程中还可以借鉴欧美国家的一些成功经验，平衡观众知情权与体育赛事新媒体转播权主体财产权的关系，以及在权利销售过程中垄断竞争方面的问题等。现阶段，我国体育产业刚刚起步，体育赛事转播市场还不成熟，利益冲突及利益竞争已逐步凸显，制定及实施体育赛事转播权保护及实施条例将会使我国体育赛事转播市场得到进一步的规制和调整，为我国体育赛事产业的快速崛起打下坚实的基础。

6. 构建体育赛事新媒体转播权的侵权赔偿标准

对体育赛事节目进行转播蕴含着巨大的经济价值，与此同时，截获信号盗播节目等的侵权行为也与直播、体彩等相结合构成了一条条的利益链。因此，遏制此类侵权行为的关键离不开一个科学、合理的侵权赔偿制度的构建。

构建体育赛事转播权的侵权赔偿标准应综合以下内容进行考量：①考虑体育赛事节目各相关权利人的实际资金投入，包括转播合同的相关费用、对该赛事节目进行赛前宣传等各项资金投入，以及与其他赛事主体签订的合同产生的费用（如购入赛事周边产品进行售卖的费用）等；②对侵权人实施侵权行为时的主、客观情况进行分析，例如将盗播的目的、盗播的次数、时长和频率、盗播面向的受众等都纳入考量范畴，而后按照具体情况对赔偿金额予以适当调整；③作为经济价值极高的体育赛事转播权，可考虑对侵权人进行一定数额的惩罚性赔偿。当然在进行惩罚性赔偿时仍需结合相关权利人的实际投资金额、侵权人的主、客观情况等予以综合认定。

就作为抽象权利的体育赛事新媒体转播侵权来说，构建侵权赔偿标准有利于确保权利人的维权积极性，最大限度地挽回损失，同时也便于依法对具体赔偿数额进行量化评估，裁判做得到于法有据，争议才能更好地化解。

（二）明确体育赛事新媒体转播权的权利归属

体育赛事新媒体转播权的权利归属及权利内容的确定是其权利开发及权利保护的基础。在我们完善立法，加强对体育赛事新媒体转播权保护的同时，应该加强对体育赛事新媒体转播权的认识与理解。《关于电视转播权管理有关问题的通知》中指出，体育比赛的电视转播权归比赛主办单位所有，但此条例并没有对体育赛事转播权的客体及权利内容做出详细明确的划分，不能满足我国现阶段体育转播市场的需求。因此，我国应加快体育行政体制管理改革的步伐，明确体育赛事新媒体转播权在交易中的经济关系和权利内容，理顺各个权利主体之间的权利关系和利益关系，促进体育赛事转播市场的稳定发展。例如，按照"谁付出、谁收益"的原则，体育比赛主办单位拥有对本场比赛的体育赛事转播权。按照制播分离的原则，体育赛事节目播出单位通常拥有体育赛事节目的所有权。随着我国体育产业的快速发展，我国体育赛事转播权交易也逐步开始走向规范化和市场化，明确界定我国体育赛事新媒体转播权的权利归属及权利内容成为我国体育赛事转播市场健康、稳定发展的首要条件。

（三）建立我国体育赛事新媒体转播权的侵权预防机制

网络传播极为迅速，难以控制，体育赛事新媒体转播权的侵权行为一旦发生就可能会为持权人带来严重损失或产生严重影响，仅依靠事后的侵权救济机制来弥补权利人的合法权利显得有点滞后，因此，建立一个侵权预防机制已迫在眉睫。当前应该在侵权行为未出现之前就应用各种新技术手段为体育赛事新媒体转播权提供保护，例如数字版权管理平台加密技术可以覆盖多个行业与主体，实现新媒体版权的主动保护；通过"水印"技术可以实时跟踪各种盗播行为；运用影视基因技术则能够避免遭到非法复制以及盗版等；新媒体版权保护机构通过技术手段把正版信息转化为数字代码，接着开展监测跟踪定位，可以在第一时间监测到非法侵权行为，有效打击盗版与盗播。其次，政府部门可以采用 2022 年北京冬奥会关于新媒体版权保护的成功经验。在有重大赛事的时候设立新媒体版权保护中心或反盗版工作组，和参与转播的新媒体机构共同组建版权保护联盟，彼此协调监督、取长补短，共同打击盗播与盗版行为。2022年 1 月下旬，国家版权局会同网信办等 6 部门成立冬奥会反盗版工作组，联合开展冬奥版权保护集中行动，共同打击盗播与盗版行为[①]。

（四）完善我国体育赛事新媒体转播权的侵权执法机制

我国体育赛事新媒体转播的监管主要涉及以下几个部门：体育赛事知识产权保护部门、信息网络转播部门、网络版权保护部门、影视主管部门等。由于体育赛事新媒体转播权侵权案例的特殊性，仅仅依靠一个执法部门很难对侵权行为进行查处。因此，只有建立一个多部门相互配合的侵权执法机制，才能使体育赛事网络侵权行为得到有效遏制。总结 2008 年北京奥运会新媒体版权保护、2022 年北京冬奥会版权保护集中行动的成功经验，相关部门可以联合公安系统、国家版权部门以及工业和信息化管理部门等，成立一个多部门相互配合的执法体系，由版权部门负责收集网络侵权线索，公安部门负责对涉嫌案件进行侦查办理，通信部门负责提供涉案网站的相关信息，以及事后对涉案网站的行政处罚，既分工明确又密切合作。此外，国家信息网络监测中心应加强与国家版权中心以及其他相关部门的协调与合作，充分发挥网络信号检测的优势作用，借助其提供网络视频版权监测及调查取证服务，为我国体育赛事的安全保护提供基础性的保障。2022 年北京冬奥会期间，国家版权局等 6 部门成立了冬奥反盗版工作组，建立赛时反盗版工作专班及涉奥侵权快速反应处置机制，对发现非法传播冬奥赛事节目的，依法从快从严处置[②]。

（五）规范我国体育赛事新媒体转播权转播合同

当前，我国体育赛事新媒体转播权立法尚属空白，法律属性及

---

①　六部门联合开展冬奥版权保护集中行动，着力整治未经授权非法传播冬奥赛事节目等行为［EB/OL］. https：//www. 163. com/dy/article/GU90BL7N05199NPP. html，2022-1-21.

②　六部门联合开展冬奥版权保护集中行动，着力整治未经授权非法传播冬奥赛事节目等行为［EB/OL］. https：//www. 163. com/dy/article/GU90BL7N05199NPP. html，2022-1-21.

权利归属尚不清晰，体育赛事新媒体转播合同成为制约当事人权利关系的重要法律依据，因此，规范我国体育赛事转播合同成为现阶段的当务之急。

在规范、调整我国体育赛事新媒体转播合同的过程中应尤其注意以下几个方面的问题：①体育赛事转播信号以及体育赛事节目的权利主体和客体。在组织体育赛事的过程中，由于体育赛事组织者或主办方在筹办比赛的过程中花费了大量的人力、财力、物力，按照"谁投资、谁受益"的原则，体育赛事新媒体转播权一般归体育赛事组织者或主办单位所有。一般情况下，体育赛事新媒体转播合同是由赛事主办单位或组织者与新媒体转播机构签订的，转播机构既是体育赛事信号的制作者，也是体育赛事节目的播出者，如体育赛事信号和体育赛事节目的版权无法厘清，将引起当事人之间的权利纠纷。②体育赛事新媒体转播权的转播类型。体育赛事新媒体转播权在转播范围上有全国和地方之分；在转播内容上有赛事报道、赛事集锦、赛事录像之分。因此，在合同内容上一定要体现出体育赛事转播权的类型。③授权期限。体育赛事新媒体转播权是体育赛事活动的主要产品。随着时间的不断推移，人们对某一赛事的热衷度也会随着时间的变化而逐步下降，体育赛事新媒体转播权的转让价格也会随之而降低。因此，转播权的授权期限也将成为转播合同的核心内容。④体育赛事新媒体转播权的授权金额。转让价格是当事人双方最直接的利益关系，因此在转播合同中当事人一定要明确授权金额之内的权利内容，以此来避免金额和权利的纠纷。⑤体育赛事新媒体转播权违约责任的确定。在实践中，合同当事人往往对违约责任的重要性认识不足，为了尽快完成交易，通常情况下双方当事人对阻碍达成交易的某些条款完全不做约定或者约定宽泛，如依法承担违约责任或依法承担赔偿责任等，导致事后无法主张赔偿。因此，在赛事转播合同中一定要明确双方的违约责任，做到有据可依。⑥新媒体转播机构的广告经营范围。吸引广告商广告投资是媒体机构出巨资购买体育赛事转播权的重要因素之一，但在实践的过程中，体育赛事主办单位或组织者为保证赛场的清洁，往往会限制媒体转播机构的广告经营范围，因此，持权转播机构的广告经营空间也将是当事人双方日后产生纠纷的关键所在。

（六）设置"独创性"标准并认定体育赛事节目为视听作品

"独创性"是构成作品的重要因素，因而也是体育赛事节目法律性质判定的重要步骤。首先应予以明确的是，《著作权法》中规定的"视听作品"与录像制品的区分标准应当是"独创性"的有无。也就是说，通过"独创性"程度是高还是低来判定成立作品与否缺乏法律依据。《著作权法实施条例》中也规定具备"独创性"是认定为作品的前提，即适用有无"独创性"的标准来评判能否认定作品，而未对"独创性"的高度做出强制性要求。即便作品类型的不同往往使得其在创作手段或表达方式上存在差异，进而影响到对作品进行"独创性"判断时选取的角度、重点可能有些不同，但能否形成作品，只能是以"独创性"有无作为评判标准。也就是说，只需满足最低限度的"独创性"即可达到作品的要求。

体育赛事节目是一种情感与思想的表达。也就是说，作为对体育赛事以及运动精神的表达方式之一，该节目能够依托一定的媒介传播，并最终以电视、互联网或者手机 APP 等为平台被人们所感知，在镜头的转换和画面内容的衔接上，足以体现出其具备一定的"独创性"。因此，设置"独创性"标准，有助于认定体育赛事节目属于视听作品的构成要求，那么该节目的制作者必然会享有相应的著作权。

参 考 文 献

[1] 曹克强. 体育产业概论［M］. 上海：复旦大学出版社，2018.

[2] 李南筑等. 体育赛事经济学［M］. 上海：复旦大学出版社，2006.

[3] 韩志勇. 消费与反哺：当代体育产业发展新思路［M］. 北京：经济管理出版社，2018.

[4] 高玉敏，沈伟斌，胡瑞敏. 中国体育产业发展的理论与实践［M］. 北京：光明日报出版社，2017.

[5] 周建伟. 现代体育产业发展概论［M］. 咸阳：西北农林科学技术大学出版社，2017.

[6] 吴超林. 体育产业经济学［M］. 北京：高等教育出版社，2004.

[7] 肖林鹏. 现代体育管理［M］. 北京：北京体育大学出版社，2009.

[8] 季文. 我国体育产业发展战略研究［M］. 哈尔滨：哈尔滨地图出版社，2019.

[9] 吴业锦. 体育产业发展的理论与实证研究［M］. 北京：中国纺织出版社，2018.

[10] 黄海燕. 走向强国：新时代体育产业［M］. 北京：社会科学文献出版社，2021.

[11] 喻丙梅. 现代体育产业的优化管理研究［M］. 北京：中国水利水电出版社，2017.

[12] 苗苗. 社会发展新常态下体育产业发展研究［M］. 北京：中国原子能出版社，2019.

[13] 杨越. "后奥运时代"中国体育产业发展战略研究［M］. 北京：经济管理出版社，2011.

[14] 张福彩. 体育产业发展的理论与实证研究［M］. 北京：中国

纺织出版社，2018.

[15] 蒋浩．休闲体育产业发展研究［M］．长春：吉林美术出版社，2017.

[16] 腾野．体育产业发展的理论与实证研究［M］．北京：中国华侨出版社，2021.

[17] 陈博．多元视角下体育产业的融合发展研究［M］．北京：中国经济出版社，2020.

[18] 傅玉辉．大媒体产业：从媒介融合到产业融合［M］．北京：中国广播电视出版社，2008.

[19] 李龙．中国体育产业发展问题的伦理审视［M］．北京：中国经济出版社，2017.

[20] 夏正清．体育产业经营管理［M］．西安：西安地图出版社，2011.

[21] 彭志伟．"一带一路"背景下我国体育产业发展体系研究［M］．北京：中国纺织出版社，2018.

[22] 陈林祥．体育市场营销［M］．北京：人民体育出版社，2010.

[23] 谢朝波．当代体育产业发展与体育行为心理探究［M］．北京：北京日报出版社，2019.

[24] 陈岩．我国体育产业结构优化及其市场化运营研究［M］．北京：中国水利水电出版社，2017.

[25] 俞宏光．中国体育产业结构优化与升级路径研究［M］．成都：西南财经大学出版社，2017.

[26] 原毅军．产业结构的变动与优化：理论解释和定量分析［M］．大连：大连理工大学出版社，2008.

[27] 魏建军．现代体育产业发展理论与经营管理研究［M］．北京：地质出版社，2019.

[28] 田雨普．大型体育赛事的经营管理［M］．北京：人民体育出版社，2007.

[29] 斐洋．反垄断法视野下的体育产业［M］．武汉：武汉大学出

版社，2009.

[30] 彭坤．体育产业的发展及其市场化运营研究［M］．北京：中国水利水电出版社，2017.

[31] 胡昕．经济学视角下的中国体育产业发展研究［M］．青岛：中国海洋大学出版社，2018.

[32] 周振华．信息化与产业融合［M］．上海：上海人民出版社，2003.

[33] 李锋．文化产业与旅游产业的融合与创新发展研究［M］．北京：中国环境出版社，2014.

[34] 桑彬彬．旅游产业与文化产业融合发展的理论分析与实证研究［M］．北京：中国社会科学出版社，2014.

[35] 张磊．产业融合与互联网管制［M］．上海：上海财经大学出版社，2001.

[36] 马健．产业融合论［M］．南京：南京大学出版社，2000.

[37] 张玉超．我国体育产业知识产权保护与开发研究［M］．徐州：中国矿业大学出版社，2020.

[38] 丁丽瑛．知识产权法［M］.4版．厦门：厦门大学出版社，2016.

[39] 龚韬．中国体育赛事知识产权保护研究［M］．北京：中国政法大学出版社，2021.

[40] 王飞．我国体育产业发展的制度创新研究［M］．北京：北京体育大学出版社，2016.

[41] 刘忠良．体育产业发展理论探究［M］．北京：新华出版社，2019.

[42] 胡峰，刘强，陈彬．奥林匹克知识产权保护［M］．北京：知识产权出版社，2008.

[43] 柴大勇．中国体育产业结构演进及政策变迁研究［D］．武汉体育学院，2016.

[44] 张新秀．"互联网＋"体育产业新业态发展模式研究［D］．吉林大学，2017.

[45] 杨信．促进我国体育产业发展的税收政策研究［D］．南京师

范大学，2015.

[46] 房晓勇．上海体育赛事产业核心竞争力的研究［D］．华东师范大学，2009.

[47] 公健．我国体育产业法律制度研究［D］．北京交通大学，2011.

[48] 彭鸣昊．基于我国体育产业结构的优化研究分析［J］．现代商业，2014（2）：55-56.

[49] 曾杨剑．简析我国体育产业结构的优化与升级［J］．运动，2015（11）：5-6.

[50] 金刚，雍明．我国体育产业结构优化的思考［J］．当代体育科技，2015（12）：193-194.

[51] 徐茂卫，管文潮．我国体育产业集聚的动力机制［J］．上海体育学院学报，2012（3）：57-60.

[52] 张广俊，李燕领，邱鹏．体育产业融合的动因、路径、效应与策略研究［J］．武汉体育学院学报，2017，51（8）：50-56.

[53] 李燕燕，兰自力，陈锡尧．我国体育产业融合的特征、类型及实现机制［J］．首都体育学院学报，2015，27（6）：488-492.

[54] 杨强．体育旅游产业融合发展的动力与路径机制［J］．体育学刊，2016，23（4）：55-62.

[55] 胡慧源，崔煜．体育产业与文化产业融合的层级分析：业态与模式［J］．云南开放大学学报，2016，18（1）：19-23，54.

[56] 燕飞．我国体育产业政策变迁的动力机制与智库参与［J］．体育与科学，2016（2）：18-23.

[57] 肖林鹏．我国体育产业技术政策发展历程、问题与对策［J］．上海体育学院学报，2011（6）：17-22.

[58] 厉无畏．创意产业与经济发展方式转变［J］．社会科学研究，2012（6）：1-5.

[59] 聂子龙，李浩．产业融合中的企业战略思考［J］．软科学，2003（2）：80-83.

[60] 于刃刚，李玉红．产业融合对产业组织政策的影响［J］．财贸经济，2004（10）：18-22.

[61] 周振华．产业融合：产业发展及经济增长的新动力［J］．中国工业经济，2003（4）：46-52.

[62] 李秋实．体育产业核心竞争力浅议［J］．合作经济与科技，2022（7）：62-63.

[63] ［日］植草益．信息通讯业的产业融合［J］．中国工业经济，2001（2）：24-27.

[64] 张冰，余可．"互联网＋"视域下体育与旅游产业融合策略研究［J］．商业经济研究，2017（4）：203-205.

[65] 贺晓雄．当前体育管理体制改革初探［J］．兰州教育学院学报，2014（3）：102-103.

[66] 王惠强．我国体育用品业的现状剖析和发展对策探讨［J］．文体用品与科技，2016（22）：29-30.

[67] 杨强．体育产业与相关产业融合发展的内在机理与外在动力研究［J］．北京体育大学学报，2013，36（11）：20-24，30.

[68] 蒋蓓蓓．我国体育产业结构政策的演变与趋势［J］．现代交际，2011（12）：142-143.

[69] 陈林祥．我国体育产业结构与产业布局政策选择的研究［J］．体育科学，2007（3）：75-82.

[70] 徐茂卫，管文潮．我国体育产业集聚的动力机制［J］．上海体育学院学报，2012（3）：57-60.

[71] 张德胜，张钢花，李峰．媒体体育的传播模式研究［J］．体育科学，2016（5）：3-9.

[72] 汪全盛，戚俊娣．体育赛事电视转播权转让的法律关系考察［J］．武汉体育学院学报，2011，45（7）：36-41.

[73] 张玉超．体育赛事转播权法律性质及权利归属［J］．武汉体育学院学报，2013（11）：40-46，58.

[74] 常保荣，张焱龙．论体育赛事转播权法律问题及其保护［J］．

延安大学学报（自然科学版），2015（3）：93-97.

[75] 王相飞，陈蔚．大型体育赛事新媒体转播权的开发［J］．青年记者，2015（11）：72-73.

[76] 姚鹤徽．论体育赛事类节目法律保护制度的缺陷与完善［J］．体育科学，2015（5）：10-15，97.

[77] 蒋新苗，熊任翔．体育比赛电视转播权与知识产权划界初探［J］．体育学刊，2006（1）：22-25.

[78] 李婷婷．新媒体对体育赛事传播的影响［J］．科技传播，2015（5）：118-119.

[79] 黄博．新媒体环境下体育赛事传播发展趋势研究［J］．西部广播电视，2014（16）：21.

[80] 张玉超．体育赛事转播权法律性质及权利归属［J］．武汉体育学院学报，2013（11）：40-46，58.

[81] 朱文英．体育赛事转播权之权利确认——以《体育法》修改为视角［J］．潍坊学院学报，2021（5）：30-35.

[82] 叶宋忠．体育产业与养老产业的互动机制与融合过程［J］．西安体育学院学报，2017，34（4）：442-446.

[83] 尹宏，王苹．文化、体育、旅游产业融合：理论、经验和路径［J］．党政研究，2019（2）：120-128.

[84] 侯海燕．体育赛事转播权法律问题研究［J］．西安体育学院学报，2015（1）：22-26.

[85] 张红学．论媒介体育的意义消费［J］．体育与科学，2012（2）：84-87.

[86] 张玉超．我国体育赛事新媒体转播权的法律性质及保护策略［J］．西安体育学院学报，2011（4）：413-417，422.

[87] 曾超，王国军，刘石军，张秋艳．"互联网＋"视域下体育赛事转播侵权行为的多重成因及规避研究［J］．四川体育科学，2021（5）：117-124.

[88] 冯春．论体育赛事转播权的多重知识产权保护［J］．中国社会

科学院研究生院学报，2015（6）：90-94.

[89] 姚鹤徽. 论体育赛事类节目法律保护制度的缺陷与完善［J］. 体育科学，2015（5）：10-15，97.

[90] 窦洁洁. 我国体育用品业的发展现状及市场前景分析［J］. 韶关学院学报，2016（2）：55-60.

[91] 中商情报网."十四五"体育产业展望：2025 年体育产业总规模将突破 5 万亿元［EB/OL］. http：//baijiahao. baidu. com/s？id＝1648177482975036557＆wfr＝spider＆for＝pc，2019-10-23.

[92] 体育总局网站. 关于印发《进一步促进体育消费的行动计划（2019—2020 年）》的通知［EB/OL］. http：//www. gov. cn/xinwen/2019—01/16/content_5358218. htm，2019. 1-16.

[93] 六部门联合开展冬奥版权保护集中行动，着力整治未经授权非法传播冬奥赛事节目等行为［EB/OL］. https：//www. 163. com/dy/article/GU90BL7N05199NPP. html，2022-1-21.

[94] 国务院办公厅关于印发社会养老服务体系建设规划（2011-2015 年）的通知［EB/OL］. http：//www. gov. cn/gongbao/content/2012/content_2034729. htm，2011-12-16.

[95] Choi D. ，Valikangas L. Patterns of strategy innovation［J］. European Management Journal，2001，19（4）：424-429.

[96] Richard Hooper. Convergence and Regulation［R］. Melbourne：TIO Conference，2003：3.

[97] Rosenberg N. Technological change in the machine tool industry：1840-1910［J］. The Journal of Economic History，1963，23：414-446.

[98] KeebleD. Industrial Location and Planning in the United Kingdom［M］. London：Methuen，1976.

[99] GreensteinS. and KhannaT."What does industrial mean？" in Yoffie ed. ，Competing in the age of digital convergence，U. S

[C] . The President and Fellows of Harvard Press, 1997: 201-226.

[100] Bally N. Deriving managerial implication s from technological convergence along the innovation process: a case study on the telecommunications industry [R] . Swiss Federal Institute of Technology (ETH Zrich), 2005.

[101] Stieglitz Nils. Industry dynamics and types of market convergence: the Evolution of the Personal Digital Assistant Market in the 1990s and Beyond [R] . Druid Summer Conference, 2003.

[102] Gary Hamel. The Core Competence of the Corporation [J]. Harvard Business Review, 1990.

[103] Yoffie, David B. Introduction: Chess and Competing in the age of Digital Convergence [M] . Boston. 1997: 223-245.

[104] CALZADA A W. Shut out: the dispute over media access rights in high school and college sports [J] . DePaul journal of sports law and contemporary problems, 2010, 7 (1): 1-4.

[105] CAROLINE J R, ALLAN H, DANIEL A J. A structured approach for technology innovation in sport [J] . Sports technology, 2013, 6 (3): 137-149.

[106] WALKER M, MONDELLO M J. Moving beyondeconomic impact: A closer look at the contingent valuation method [J]. International Journal of Sport Finance, 2007.

[107] DEGENNARO R. The utility of sport and retumsto ownership [J] . Journal of Sports Economics, 2003.

[108] EVENS T, LEFEVER K. Watching the football game: broadcasting rights for the European digital television market [J]. Journal of sport and social issues, 2011, 35 (1): 33-49.

[109] FALCONIERI S, PALOMINO F, SAKOVICS J. Collective versus individual sale of television rights in league sports [J]. Journal of the European economic association, 2004, 2 (5):

833-862.

[110] ZAGROSEK R，SCHMIEDER S. Centralized making of sports broadcasting right and antitrust law [J] . Seton hall journal of sports and entertainment law, 2004, 14 (2)：381-396.

[111] Kumar R P. A. Novel Auditing Scheme and Efficient Data Repairing Process in Multiple Clouds [J] . IJSEAT, 2017, 5 (1)：055-057.

[112] JIHAN J. Public video gaming as copyright infringement [J]. AIPLE quarterly journal, 2011, 39 (9)：3-11.

[113] SABLEMAN M. Link Law：the emerging law of internet hyperlinks [J] . Communication law and policy, 1999, 4 (4)：557-601.

[114] Y. Yu, J. B. Ni, M. H. Au, Y. Mu, B. Y. Wang and H. Li. Comments on a Public Auditing Mechanism for Shared Cloud Data Service [J] . IEEE Transactions on Services Computing, 2015, 8 (6)：998-999.

[115] SALTZMAN R L. Television news access to exclusively owned sporting events：a comparative study [J] . Sports lawyers journal, 2000, 7 (3)：1-3.

[116] STEPHENSON P. Aspects of intellectual property management [J] . Computer fraud and security, 2005 (5)：12-14.

[117] LEBRUN A M，SOUCHET L，BOUCHET P. Social representations and brand positioning in the sporting goods market [J] . European sport management quarterly, 2013, 13 (3)：358-379.